점거파업 역사와 교훈

국립중앙도서관 출판예정도서목록(CIP)

점거파업 역사와 교훈 / 지은이: 데이브 셰리 ; 옮긴이: 이
재권. ─ 서울 : 책갈피, 2016
    p. ;   cm

원표제: Occupy! a short history of workers' occupations
원저자명: Dave Sherry
영어 원작을 한국어로 번역
ISBN 978-89-7966-117-0 03900 : ₩10000

파업[罷業]

321.581-KDC6
331.89209-DDC23   CIP2016000574

점거파업 역사와 교훈

데이브 셰리 지음 | 이재권 옮김

책갈피

Occupy! A Short History of Workers' Occupations - Dave Sherry
First published in February 2010 by Bookmarks Publications
ⓒ Bookmarks Publications

Korean translation edition ⓒ 2016 by Chaekgalpi Publishing Co.
Bookmarks와 협약에 따라 이 책의 한국어 판권은 책갈피 출판사에 있습니다.

점거파업 역사와 교훈

지은이 | 데이브 셰리
옮긴이 | 이재권
펴낸곳 | 도서출판 책갈피

등록 | 1992년 2월 14일(제2014-000019호)
주소 | 서울 성동구 무학봉15길 12 2층
전화 | 02) 2265-6354
팩스 | 02) 2265-6395
이메일 | bookmarx@naver.com
홈페이지 | http://chaekgalpi.com

첫 번째 찍은 날 2016년 2월 17일

값 10,000원

ISBN 978-89-7966-117-0
잘못된 책은 바꿔 드립니다.

차례

일러두기

1. 이 책은 Dave Sherry, *Occupy! A Short History of Workers' Occupations* (Bookmarks, 2010)를 번역한 것이다.

2. 인명과 지명 등의 외래어는 최대한 외래어 표기법에 맞춰 표기했다.

3. 《 》부호는 책과 잡지를 나타내고 〈 〉부호는 신문, 주간지, 노래를 나타낸다. 논문은 " "로 나타냈다.

4. 본문에서 [ ]는 옮긴이가 독자의 이해를 돕거나 문맥을 매끄럽게 하려고 덧붙인 것이다. 지은이가 인용문에 덧붙인 것은 [— 지은이]로 표기했다.

5. 본문의 각주는 옮긴이가 넣은 것이다. 지은이의 각주는 '— 지은이'라고 표기했다.

6. 원문에서 이탤릭체로 강조한 부분은 고딕체로 나타냈다.

한국어판 머리말

이 책은 미국의 거대 금융회사인 리먼브러더스가 몰락한 직후인 2009년에 썼다. 리먼브러더스 사태는 미국 역사상 최대 규모의 파산이었고, 이 파산이 촉발한 금융 위기로 세계경제는 1929년 월스트리트 대폭락 이래 최악의 불황에 빠졌다.

이 위기로 영국에서 공장 폐쇄와 정리해고 움직임이 거세게 일자 노동자들은 2009년에 잇달아 점거파업을 벌이며 저항에 나섰다. 그런데 새로운 '점거 운동'은 위기만큼이나 세계적이었다. 한국에서 평택의 쌍용자동차 노동자들이 77일 동안 공장을 점거해 그야말로 영웅적으로 싸웠으며, 중국과 이집트, 터키, 우크라이나, 프랑스, 아일랜드, 아르헨티나, 캐나다, 미국에서도 중요한 직장점거 투쟁이 있었다.

이런 투쟁에서 사회주의자들은 노동자들에게 점거파업의

타당성을 설득하고 점거파업 실행에 필요한 최선의 전술을 제시하는 등 핵심 구실을 했다.

2008년 대불황 이후 선진국 경제의 회복 수준이 보잘것없고 부분적인 탓에 자본가들의 경제 전망은 여전히 비관적이고, 투자와 수익이 호전될 기미도 없다.

지금은 직장점거 파업이 전보다 줄었지만, 일자리와 생활수준 공격은 갈수록 극심해지고 있다. 정부와 기업주들의 이런 공세에 맞서서 노동자들은 자신의 요구를 따낼 때까지 일터를 장악하고 사장과 관리자를 내쫓는 투쟁을 벌이기도 하는데, 이런 점거파업은 예나 지금이나 노동자들이 취할 수 있는 가장 효과적인 집단행동이다.

나는 노동조합 활동가와 사회주의자가 알아야 할 직장점거의 역사와 오늘날 의의를 살펴봄으로써 사람들의 자신감을 북돋우려고 이 책을 썼다. 점거파업은 해고와 폐업이 만연한 시대에 더없이 적합한 전술이다. 그런 이유로 공장점거는 오늘날에도 유의미하며 유효하다.

2015년 11월 24일

데이브 셰리

chapter 1
지금 이 순간이 역사다

2009년 영국 베스타스 점거파업. 영국 정부의 '녹색 일자리' 확대 약속이 빈말에 불과했음을
폭로했다.

2008년 리먼브러더스가 파산하자 금융시장은 1929년 월스트리트 붕괴 사태 이후 가장 크게 추락했고, 세계경제는 1930년대 대공황 이래 최악의 위기에 빠졌다. 최근 경기가 회복되고 있다는 주장이 여기저기서 나오지만 경제 위기는 아직 끝나지 않았다. 2009년 11월에 벌어진 두바이 위기는* 불황이 현재 진행형임을 보여 준다.

전 세계 자본가들은 노동자들을 더욱더 가혹하게 쥐어짜고 있다. 지난 18개월 동안 미국의 일자리는 경제 전문가들의 예상보다 3분의 1이나 더 많이 사라졌다. 곳곳에서 공장, 사무

• 두바이 위기 두바이의 국영기업 두바이월드가 모라토리엄(채무상환유예)을 선언한 일.

실, 은행, 상점이 문을 닫고 있다.

영국 국립경제사회연구소는 2009년에 영국 국내총생산GDP이 4.8퍼센트나 떨어졌다고 추산한다. 이는 1921년 이래 연간 최대 규모의 경기후퇴다. 실업자도 현재 250만 명에 달한다. 특히 청년들이 심하게 타격을 입었는데, 2008년 이후 25세 미만 청년 사이에 실업자 수가 25만 명가량 급증했다. 18~24세 청년 실업률은 18퍼센트로 1992년에 집계를 시작한 후 가장 높았다.

노동당 총리 고든 브라운은 "녹색 일자리 100만 개"를 만들겠다고 장담했다. 그런데 정부는 왜 영국에 하나밖에 없는 풍력 터빈 업체인 베스타스가 공장 문을 닫고 노동자를 600명이나 해고할 때 가만히 있었을까? 수많은 청년들이 소외를 느낄 수밖에 없다. 또 나이 든 노동자들이 일자리·집·연금을 뺏길까 봐 두려워하고, 은행만을 위한 정부 구제금융에 치를 떠는 것도 당연하다.

영국 중앙은행이 어림잡기를 미국과 영국, 유로존에서 현 경제 위기 동안 은행 구제용으로 푼 공적 자금은 자그마치 14조 달러에 이른다. 이 액수가 전 세계 국내총생산의 거의 4분의 1에 달하다 보니 과거에 국가가 은행에 지원한 돈들은 모두 하찮게 보일 정도다.

이렇게 막대한 자금을 쏟아부었는데도 경기회복은 매우 더

디고 보잘것없다.

몇몇 금융 전문가는 장기 침체를 예상하지만, '더블딥 불황'이˙ 올 수 있다고 경고하는 전문가들도 있다. 이들은 다음 2년 동안 영국의 은행들이 2500억 파운드에 이르는 추가 손실을 입을 수도 있다고 내다본다. 동시에 금융 체계의 완전한 붕괴를 막는 데 쓰인 엄청난 정부 지출도 곧 메워야 한다.

과거에도 비슷한 일이 있었다. 고든 브라운이 간 길을 이미 램지 맥도널드가 앞서 갔다. 영국 노동당 좌파의 기수였던 램지 맥도널드는 1929년에 총리가 되자 임금, 실업수당, 공적 지출을 삭감했다. 그렇지만 은행들의 삭감 요구를 모두 충족하지는 못했다. 결국 맥도널드는 1931년에 노동당을 버리고 보수당과 함께 거국내각을 구성했다.

1933년 이후 줄곧 혁명적 사회주의자로 살았던 토니 클리프는 2000년에 다음과 같이 경고했다.

1990년대의 이야기는 1930년대를 슬로모션 영화로 보는 것과 비슷하다. 히틀러에게 독일 노동계급이 패배한 일은 실로 엄청난 재앙이었다. 그러나 그와 동시에 1936년 6월 프랑스에서는 대중적

• **더블딥 불황** 경제가 불황으로부터 벗어나 짧은 기간 성장을 기록한 뒤 곧바로 다시 불황에 빠지는 이중 침체 현상.

공장점거 투쟁이 벌어져 혁명이 일어날 뻔했다. 1930년대는 극단의 시대였다. … 슬로모션으로 1930년대라는 영화가 반복되고 있다는 사실은 영화를 중간에 멈추고 우리가 바라는 방식으로 다시 연출할 기회가 더 많아졌다는 것을 뜻한다. 관건은 바로 혁명 정당 건설이다.

마틴 울프도* 2008년 3월 〈파이낸셜 타임스〉에서 다음과 같이 비슷한 비유를 들었다. "이 모든 일에서 꼭 1929년의 조짐이 보인다." 이다음에 어떤 일이 일어날지는 아무도 모른다. 특히 자유 시장 이데올로기를 옹호하며 사태를 이 지경으로 몰고 온 자들은 결코 알 수 없다. 그러나 세계적 불황과 영국 국민당 같은 나치의 성장, 영국 좌파의 공동 행동 구축 실패로 10년 전 클리프의 경고는 지금 더욱 절박해졌다. 1930년대가 재현되는 속도가 빨라지고 있다.

그렇지만 고무적이게도 우리는 과거 몇몇 거대한 대중투쟁에서 나타난 전투적 형태의 집단행동을 다시금 눈앞에서 보고 있다. 그것은 바로 많은 이들이 1970년대와 함께 역사 속으로 사라졌다고 본 '공장점거 투쟁'이다.

2009년은 이스라엘의 가자 공습에 반대해 학생들이 잇달아

• 마틴 울프 〈파이낸셜 타임스〉의 수석 경제 논설위원.

점거 투쟁을 벌이면서 시작됐다. 곧이어 2월에는 워터포드글래스 노동자들이 공장을 점거했고, 이 투쟁은 던디에 있는 프리즘* 노동자들의 점거 투쟁에 영향을 줬다. 4월에 비스테온** 벨파스트 공장 노동자들이 해고에 반대해 공장을 점거했고, 비스테온 엔필드 공장 노동자들도 점거에 돌입했다. 글래스고에서는 노동당 지자체가 윈드포드 초등학교를 폐교하자 학부모들이 학교를 점거하기도 했다.

8월에 와이트 섬의 베스타스*** 노동자들이 일자리를 지키려고 공장을 점거했다. 이 점거 투쟁을 계기로 세계 곳곳에서 연대 시위와 집회가 열렸다. 운수노조RMT 사무총장 밥 크로는 〈가디언〉에 다음과 같이 지적했다.

베스타스와 비스테온 점거 투쟁에서 노동자들은 탄압에 굴복하거나 운명에 순응하는 것이 아니라 노동 악법을 돌파할 전술을 발전시킬 능력이 있음을 보여 줬습니다.

---

*   프리즘 포장재 생산 업체.

**   비스테온 포드자동차 부품 업체.

*** 베스타스 풍력 터빈 업체.

점거에 참가한 노동자는 〈소셜리스트 워커〉에° 다음과 같이 이야기했다.

예전에는 변화의 원천이 노동자들이라고 생각하지 않았습니다. 그러나 이번 투쟁을 겪으면서 우리 노동자들이 집단적으로 행동한다면 다른 사람들한테도 똑같이 행동할 용기를 줄 수 있다는 것을 배웠습니다. … 점거 투쟁은 자주 일어나지 않지만, 때때로 이와 같은 투쟁이 벌어질 때면 그것을 재빨리 확산시켜야 합니다.

이런 공장점거 투쟁에 연대 활동을 한 사람들은 누구나 점거 투쟁의 중요성을 깨달았다. 그것을 한 활동가가 《인터내셔널 소셜리즘》에°° 다음과 같이 기고했다.

이번 경험은 사람들이 투쟁 속에서 어떻게 변하는지 제대로 증명했다. … 정치적 노동조합 운동이 핵심 요소인 이유를 잘 보여 주는 사례를 찾는다면 바로 베스타스 사례를 들면 된다. … 베스타스 점거 투쟁은 개인과 사회주의자의 구실도 잘 보여 줬다. 예컨

° 〈소셜리스트 워커〉 국제사회주의경향의 영국 사회주의노동자당SWP이 발행하는 주간지.

°° 《인터내셔널 소셜리즘》 사회주의노동자당이 발행하는 계간지.

대 사람들이 예전처럼 팔짱 끼고 앉아서 무슨 일이 일어나기만 기다렸다면, 베스타스 투쟁은 분출하지 않았을 것이다. 지금은 사람들 사이에서 싸울지 말지를 두고 첨예하게 논쟁이 벌어지는 상황들이 많다. 1970년대 이후로 대다수 사람들은 사회주의자들이 그 결정 과정에 개입해 영향을 미칠 수 있다는 것을 경험하지 못했다.

노동계급 가운데 투쟁적이고 의식이 높은 소수는 지금 더욱 자신감에 차 있다. 그저 "우리는 싸워야 합니다" 하고 말하는 것보다 "우리는 싸울 수 있습니다. 비스테온을 보십시오. 베스타스를 보십시오. 린지를* 보십시오" 하고 말하는 것이 훨씬 손쉽다. 올해 초 카울리에서는 바로 그와 같은 어려움이 있었다.** 무엇을 할 수 있을지 보여 줄 뚜렷한 사례가 그때는 없었다. 만일 카울리 공장 해고 사태가 지금 벌어진다면, 누군가는 이렇게 말할 것이다. "우리도 싸울 수 있습니다. 비스테온과 베스타스 노동자들이 갈 길을 보여 줬습니다."

베스타스 공장점거 직후 런던의 버스 노동자들이 런던교통

- 린지 정유소 플랜트 건설 현장에서 비공인 파업이 벌어진 뒤 다른 20개 건설 현장으로 투쟁이 퍼져 승리했다 — 지은이.
- 옥스퍼드 카울리의 미니자동차 공장에서 단기 계약직 노동자들이 해고됐다 — 지은이.

청 건물 입구를 봉쇄하고 임금 인상 투쟁을 시작했다. 더블린의 토머스쿡* 노동자들도 점거 투쟁을 벌였다.

이런 투쟁들은 우연히 벌어진 일들이 아니라 노동자들의 의식 변화가 낳은 산물이었다. 이를 두고 BBC의 고용 담당 기자 마틴 섕클먼은 다음과 같이 지적했다.

대기업의 [구조조정] 계획에 맞서야 하는 상황에 맞닥뜨리자 점점 더 많은 노동자들이 점거파업이야말로 가장 직접적이고 효과적인 항의 방식이라고 깨닫게 됐는데, 이는 그다지 놀라운 일이 아니다. 이제 더 많은 일이 벌어질 것을 예상해야 한다.

직장점거 운동의 역사를 다룬 이 짧은 책은 점거 투쟁을 촉구하기 위해 쓰였다. 그리고 노동자들이 점거 투쟁 속에서 자신의 집단적 능력을 깨닫기 시작할 것이라는 점, 그 집단적 능력을 지역·부문의 투쟁에서 승리하는 데뿐만 아니라 체제에 도전하고 세계를 변혁하는 데도 사용할 수 있다는 점을 보여주고자 한다.

---

* **토머스쿡** 직원이 2만여 명에 달하는 여행사.

chapter 2

불황과 저항

1968년의 유령이 유럽을 떠돌고 있다.

프랑스 대통령 사르코지, 2009년 2월

2015년 그리스 반긴축 시위.

불황이 시작되자마자 유럽 전역에서 아래로부터 반발이 터져 나왔다. 프랑스에서 총파업이 벌어졌다. 스페인, 그리스, 이탈리아, 아일랜드에서도 대규모 파업이 일어났고, 라트비아, 러시아, 아이슬란드에서는 긴축정책에 반대하는 커다란 시위가 있었다.

그에 비해 영국 노동자들의 초기 대응은 잠잠하고 더뎠다. 오랜 세월 누적된 패배가 노동자들의 자신감을 좀먹은 탓이었다. 그러나 2009년이 되자 저항이 점차 늘었다. 점거 투쟁의 재등장과 '살쾡이[비공인]' 파업의 잇따른 성공은 점점 더 많은 노동자들이 노조 지도자들보다 앞서 나가려 한다는 것, 1980~1990년대의 큰 패배 뒤 널리 퍼졌던 비관주의에서 벗어나려 한다는 것을 보여 줬다.

그렇다고 우리 편이 벌써 돌파구를 찾아 승승장구하고 있다는 것은 아니다.

별다른 반발 없이 정리해고가 관철된 곳도 매우 많다. 레드카의 코러스 제철소에서는 해고에 반대하는 커다란 시위가 있긴 했지만, 실질적 투쟁은 없었다.

킬마녹의 조니워커 위스키 공장에서 사측이 인력 감축과 공장 폐쇄를 시도하자 도시 주민의 절반인 2만 명이 가두 행진을 벌였다. 그것이 곧바로 일자리 지키기를 내건 파업으로 발전했다면 엄청난 지지를 받으며 거대 다국적기업 디아지오를* 궁지에 빠뜨렸을 것이다. 그런데도 노조 지도자들은 넉 달이나 지나서야 겨우 쟁의행위 '예비' 투표를** 실시했다. 이 정도로는 사측이 좀 더 나은 퇴직 조건을 내놓도록 만들 수는 있어도 일자리를 지킬 수는 없었다.

옛것, 즉 노조 지도자들의 낡은 관료주의적 타성, 노동당과의 유착 관계와 새것, 즉 새로운 저항의 전투성이 충돌하고 있다. 2009년 11월의 우체국 파업은 어떻게 옛것이 새것을 제약

- 디아지오 세계 최대 증류주 생산 기업. 스미노프, 조니워커, 베일리스, 기네스 등을 생산한다.
- 쟁의행위 예비 투표 파업 찬반 투표와 달리 조합원들에게 특정 사안에 대한 파업 준비 상태를 묻는 소극적 방식의 무기명 투표. 실제 파업을 벌이려면 법적으로 추가적 투표 과정이 필요하다.

하는지 보여 주지만 노동당 정권과 로열메일이* 영국에서 가장 전투적인 노동자들과의 전면 대결에서 한발 물러서는 것을 보여 주기도 했다.**

세계화 때문에 영국이든 다른 어디에서든 노동자들이 다국적기업에 맞설 수 없게 됐으므로 저항해 봐야 소용없다고들 한다. 노조 지도자들은 이런 주장을 너무 쉽게 받아들인다. 그러나 그 반대가 정답이다. 1988년에 영국의 포드 노동자들이 파업을 벌였을 때 유럽의 포드 전체가 3일 동안 마비됐다.

지난 20년간 진행된 생산기술과 기업 구조의 변화는 노동자들에게 이점으로 작용할 수도 있다. 대표적 사례는 1980년대에 세계 자동차 기업들이 부품 재고를 매우 적게 유지하는 일본식 '적기 생산 방식'을*** 채택한 것이다.

1994년에 지엠GM이 늘어난 수요를 새 노동자들을 고용해 맞추지 않고 기존 노동자들의 잔업을 확대해 해결하려 하자, 미시간 주 플린트의 지엠 공장 노동자 1만 2000명이 파업을 벌였다. 그 결과 유럽의 지엠 공장들에 조달할 부품이 바닥나

---

* 로열메일 영국 우체국.

** 10장 참고

*** 적기 생산 방식 생산에 맞춰 부품을 공급함으로써 재고를 최소화하는 관리 방식으로 자본가에겐 비용을 낮추는 효과가 있지만, 노동자들은 이것을 활용해 투쟁 효과를 키울 수 있다.

사측은 2만 명을 휴직시켜야 했다. 파업 3일 만에 사측은 굴복했고, 800명을 신규 채용하기로 합의했다. 이와 비슷하게 오하이오 주 데이턴의 지엠 공장 노동자 3000명도 1996년에 파업을 일으켜 미국, 캐나다, 멕시코 전역의 지엠 공장들을 멈췄다. 지엠 사측은 12만 5000명을 휴직시켜야 했고, 파업에 따른 회사 손실은 하루 5000만 달러에 달했다.

최근 사례들도 노동자들이 승리할 수 있다는 사실을 입증했다. 포드는 부품 계열사인 비스테온을 분리 매각하고 부품 조달을 외주화했다. 2009년 3월 말 영국 포드는 〈파이낸셜 타임스〉에 "우리가 파산한 부품 업체에 자금을 댈 이유가 없었다" 하고 으름장을 놨다.

그러나 노동자들이 비스테온 공장 세 곳을 점거하고 수익성 좋은 포드 브리젠드 공장을 봉쇄하겠다고 위협하자, 영국 포드는 "파산한 부품 업체"인 비스테온으로 하여금 노동자들한테 퇴직금으로 2000만 파운드를 지급하도록 중재할 수밖에 없었다. 다국적기업의 이런 취약점 때문에 쟁의 행위의 효과가 전보다 더 클 수 있다.

영국에서는 2009년에 실업이 급증했는데도 투쟁이 오히려 크게 늘었다. 워터포드글래스, 프리즘, 비스테온, 베스타스에서 점거 투쟁이 벌어졌고, 건설 산업에서 살쾡이 파업이 벌어져 승리를 거뒀다. 리즈의 청소 노동자들과 타워햄리츠칼리지 노동자들은 전면파업을 벌여 일자리와 노동조건을 지켰고, 성탄절 직전에 우체국 파업이 벌어졌다. 2010년 초에는 영국항공 노동자들이 투쟁을 재개할 실마리를 잡았고, 전국의 공무원 노동자들이 파업 찬반 투표를 실시했다.

저항이 관건이다. 경제 위기가 닥칠 때마다 누군가는 대가를 치러야 한다. 그런데 지금의 곤경을 야기한 당사자들은 그 대가를 우리가 치르길 바란다. 앞으로 지배계급은 공공지출·일자리·임금·연금을 가차 없이 삭감해 위기의 대가를 노동자들에게 떠넘기려 애쓸 것이다.

다음 영국 총선에서 누가 승리하든 차기 정권은 노동자들에게 제2차세계대전 이래 가장 야만적인 공격을 퍼부을 것이다. 〈파이낸셜 타임스〉의 마틴 울프는 이미 그것이 뜻할 바를 다음과 같이 간결하게 설명했다.

지속적 [임금] 동결, … 개별적 임금 협상, 공적 연금의 노동자 기여금 [인상과] 복지 축소, … 차기 총리는 결국 마거릿 대처처럼 증오의 대상이 될 것이다.[1]

2010/2011년 영국의 경제성장률은 재무부가 2007년에 예측한 것보다 10퍼센트 더 낮을 것으로 보인다. 고든 브라운 노동당 정권의 재무 장관 앨리스터 달링은 2011년부터 2014년까

지 공공지출을 14퍼센트 삭감할 것이라고 발표했다. 공공부문 실업률도 최근 몇 달간 급격히 늘었다.

신노동당이* 부자와 권력자의 이익을 앞세운다는 사실은 이제 상식이다. 신노동당에 대한 통신노조CWU의 정치 자금 후원을 중단하자는 안건에 런던의 우체국 노동자들이 96퍼센트라는 압도적 찬성표를 던진 것은 너무도 당연했다. 로열메일 민영화 반대 투쟁은 영국의 모든 노동자, 학생, 연금생활자, 실업자에게 대단히 중요했다.

영국산업연맹CBI은** 대학 등록금 50퍼센트 인상과 학자금 대출이자의 인상을 요구한다. 이 단체는 또 기업 친화적 광고를 제작해 우편 업무는 민영화돼야만 살아남을 수 있다고, 공공부문 노동자들이 해고뿐 아니라 임금과 연금 삭감도 받아들여야 한다고, 운 좋게 일자리를 얻은 사람들은 더 오래, 더 열심히 일해야 할 것이라고 설파한다.

그렇지만 지배자들한테도 큰 골칫거리가 있다. 지배계급 일부는 삭감을 부르짖지만, 〈파이낸셜 타임스〉는 지배계급의 근심을 다음과 같이 표현했다. "자본가들은 다시 고소득을 올리

- **신노동당** 토니 블레어와 고든 브라운 등이 주도한 변화된 노동당. '제3의 길'로 포장된 신자유주의 정책을 노골적으로 밀어붙였다.
- **영국산업연맹** 한국의 전경련과 같은 단체. 〈파이낸셜 타임스〉는 이 단체를 "영국 최대의 기업 로비 집단"이라 묘사했다.

는 반면 수많은 사람들은 일자리를 잃었다. … 고액 보너스가 비난의 도마 위에 오른 것은 놀라운 일도 아니다."

노동자들은 은행의 탐욕과 무능으로 인한 대가를 왜 자신들이 치러야 하는지 묻고 있다. 그리고 최근 여론조사에 따르면 응답자의 50퍼센트가 국회의원들은 전부 부패했다고 답했다. 정치인들은 국회의원들의 주택 보조금 추문으로* 오랫동안 비난받아 온 처지라 대놓고 노동계급에게 희생을 요구하기가 쉽지 않다. 그럼에도 노동자들에 대한 탄압은 심해질 것이고, 우리가 전면적 반격을 하지 않는 한 누그러지지 않을 것이다.

자본주의와 혼란

영국 노동자의 삶이 갈수록 팍팍해진다면 아프리카, 아시아, 라틴아메리카의 빈민은 재앙을 맞고 있다. 자본주의는 이윤과 경쟁으로 돌아가는 체제라서 세계 민중에게 아무 도움도 되지 않는다. 식량과 의약품이 충분히 생산되지 않는 이유는 넉넉히 생산하면 돈벌이가 되지 않기 때문이다. 노동자들이 일

---

* 영국 국회의원들이 주택 보조금을 허위 청구해 공금을 유용한 사건. 2009년에 폭로됐다.

자리를 구하지 못하는 것도 일자리를 줘 봤자 돈벌이가 되지 않기 때문이다.

이 세상 대다수 민중의 삶과 행복은 한 줌 소수의 이익과 근본적으로 대립한다. 아이티 지진은 경제 혼란과 끊임없는 전쟁의 수렁에 빠진 체제의 해악을 보여 준 최근 사례다. 자본주의가 더 오래 지속되도록 내버려 둔다면 수십억 명이 굶어 죽을 것이고, 지구는 망가지고 파괴될 것이다. 환경 재해나 핵전쟁이 벌어질 수도, 두 가지가 동시에 일어날 수도 있다.

인류가 살아남아 번영하려면 자본주의를 분쇄해야 한다. 그런데 과연 노동자들이 그런 도약에 나설까? 노동자들이 단결해 저항할까? 그래서 노동자들이 승리할 수 있을까?

어떤 이들은 일자리를 잃을 두려움 때문에 노동자들이 맞설 수 없다거나 경제 불황으로 계급투쟁에 대한 희망이 모두 깨졌다고 주장한다. 그러나 이런 주장은 가장 고무적인 노동자 투쟁 가운데 일부가 경제 불황기에 일어났다는 사실을 간과한다. 1930년대에는 유례없는 최악의 불황이 세계를 덮쳤다. 그러나 1930년대는 전 세계 노동자들이 대중파업, 반란, 혁명에 동참한 투쟁의 10년이기도 했다.

경기가 후퇴한다고 해서 자동적으로 계급투쟁이 일어나는 것은 아니다. 마찬가지로 대량 실업이 곧장 노동자들을 더 정치적으로 또는 더 전투적으로 만들지도 않는다. 불황은 두려움과 분열, 절망을 낳기도 한다.

러시아 혁명가 레온 트로츠키는 노동자들이 집단적 저항에 나설 것인지는 상당 부분 당면한 물질적 조건에 달려 있다고 주장했다. 젖은 풀에는 불씨가 떨어져도 불이 붙기 어렵지만, 잘 마른 짚에는 훨씬 잘 붙기 때문이다. 그러나 1920년대에는 "혁명적 운동과 경제 위기의 상관관계는 자동적이지 않다"고도 말했다. 그는 계속해서 불황과 저항의 관계에 대해 여러 유익한 설명을 내놨다.

경제 위기에 따른 정치적 결과는 현재의 정치 상황 전체와 위기에 앞서 벌어졌거나 위기와 함께 일어난 사건들, 특히 경제 위기 직전의 노동계급 자신의 투쟁, 그것의 성공과 실패 같은 요소가 결정적이다. 특정 조건에서 경제 위기는 노동 대중의 혁명적 운동에 커다란 자극을 줄 수 있다. 그러나 다른 환경에서는 경제 위기가 노동계급의 공세를 완전히 마비시킬 수도 있다.

또 트로츠키는 경제 위기가 엄습하면 노동자들의 사기가 꺾일 수 있지만, 위기에서 비롯한 근원적 고통은 지속될 것이고 단결해 투쟁할 기회가 왔을 때 그 고통이 폭발의 기폭제가 될 수도 있다며 다음과 같이 지적했다.

지금의 경제 불황 때문에 자본가계급은 노동계급을 더욱 강하게 억누를 수밖에 없을 것이다. 이것은 이미 시작된 임금 삭감이 잘 보여 준다. … 이런 거대한 임금 투쟁, 바로 영국의 광산 파업과 같은 투쟁이 세계혁명으로, 최후의 내전으로, 정치권력을 장악할 투쟁으로 자동으로 발전할 수도 있지 않느냐고 물을 수 있다. 그 러나 그런 식으로 묻는 것은 마르크스주의적이지 않다. …

많은 동지들이 만약 지금 시기에 경기가 회복된다면 혁명에 치명 적일 것이라고 말한다. 아니다. 결코 그렇지 않다. … 러시아 사례 를 보자. 1905년 혁명이 패배하고 노동자들은 큰 희생을 치렀다. 1907~1909년에 매우 혹독한 경제 위기가 발생했다. 이 위기로 운동은 완전히 파괴됐다. 노동자들이 혁명 투쟁 과정에서 너무 심 하게 고통받은 나머지 불황은 노동자들의 사기만 더 꺾어 놨기 때 문이다. 1910~1912년에는 러시아 경제 상황이 호전됐다. 이 회 복으로 용기를 잃고 사기가 꺾였던 노동자들이 다시 모였다. 노동 자들은 자신이 생산에서 얼마나 중요한 구실을 하는지 다시 깨달 았고, 처음에는 경제 영역에서, 나중에는 정치 영역에서도 공세를 재개했다. 이런 번영기 덕에 전쟁[제1차세계대전] 전야의 노동계급은 매우 강고했고, 곧바로 공격에 나설 준비가 돼 있었다.

우리가 불황기를 앞두고 있다는 것은 의심할 여지없는 사실이다. 그런 전망에서 보자면, 경제 위기 완화는 혁명에 치명타가 되기보 다 노동계급이 숨을 고를 시간이 될 것이다. 이 기간에 노동계급

은 자기 대열을 정비해 이후 더 견고한 기초 위에서 다시 공세에 나설 채비를 갖출 것이다.[2]

경제 위기는 단일 사건이 아니라 장기간의 과정임을 이해하는 것이 중요하다. 특히 오늘날의 불황은 말할 것도 없다. 이 경제 위기가 정치를 계속 좌우할 테지만, 그 과정은 지속적이고 예측 가능한 상승 곡선 형태는 아닐 것이다. 일시적 상승과 하강, 고조와 퇴조, 회복과 후퇴가 있을 것이다.

현재의 경제 위기가 얼마나 깊고 심각한지 이해하는 것도 중요하다. 이번 위기는 세계적 위기라서 지배계급은 우리 대부분이 이전에 전혀 경험해 보지 못한 포악한 공격에 착수해야 한다. 영국에서는 인플레이션 때문에 불황이 시작되기도 전에 실질임금이 하락했다. 많은 노동자들이 호황기에 기대한 번영은 집값 상승과 부채 증가에 기반했다. 이제 거품은 꺼졌고, 체제의 민낯이 수많은 사람의 눈앞에 고스란히 드러났다.

노동자들은 30년 동안 민영화, 규제 완화, 노동 악법을 겪은 뒤 이번 불황을 맞이했다. 최근 경제 위기는 자본주의가 고장 났다는 것을 보여 주지만, 그것이 처음 있는 일도, 단지 그것만 증명하는 것도 아니다. 정치체제에 대한 깊은 냉소가 널리 퍼져 있고, 자유 시장과 밀착한 노동당에 대한 커다란 환멸도 존재한다. 이 모든 것은 2000년대 초반 반자본주의·반전

운동의 성장에서 비롯한 급진화의 결과물이다.

산업 투쟁이 작지만 의미심장한 규모로 부활한 것, 점거파업, 비공인 '살쾡이' 파업, 전면파업과 같은 전투적 투쟁이 되살아난 것은 이런 맥락 속에서 봐야 한다. 과거 10년간 축적된 분노, 좌절, 고통이 특정 국면에 들어서자 30년 넘게 볼 수 없었던 투쟁의 급증이라는 형태로 표출할 수 있었다.

똑같은 일이 1930년대에도 벌어졌다. 1929년에 주식시장이 극적으로 붕괴한 뒤, 급격하고 갑작스런 경제 위기와 대량 실업에 대한 불안 때문에 노동자들의 자신감이 떨어졌다. 미국에서 저항이 폭발한 것은 그로부터 5년 뒤, 경제 위기가 살짝 완화된 1934년이었다. 이어서 프랑스와 스페인에서도 저항이 터져 나왔다. 영국에서는 제2차세계대전에 대비해 재무장하던 시기에 노동조합 조직이 겨우 복구됐다.

경제적 원인이 투쟁을 촉발할 수 있다. 완만한 경기회복으로 실업률이 떨어지고 해고가 중단되면 노동자들이 자신감을 되찾고, 광범한 산업 투쟁이 발전할 수 있다. 1934년에 미국에서 산업 생산이 약간 회복되자 격렬한 파업과 점거가 잇달아 벌어졌다. 투쟁의 성과로 산별노조가 대규모로 결성되고, 노동계급은 거대한 물질적 성과를 따내고 의식이 크게 성장했으며, 극좌파도 약진했다.

정치 위기

정치 위기가 투쟁의 도화선이 될 수도 있다. 프랑스에서는 10년 동안 긴축, 우파의 탄압, 생활수준의 하락을 겪은 뒤, 1968년 5월에 마침내 파리 대학생들이 진압경찰과 전투를 벌였다. 며칠 만에 노동자 1000만 명이 역사상 가장 큰 총파업에 참가했고, 프랑스 경제의 상당 부분을 노동자들이 통제했다. 이 폭발로부터 신좌파가 탄생했다.

지배자들의 도를 넘는 행태가 대규모 저항을 불러올 수 있다. 1970년 영국 총선에서 1930년대 이후 가장 우파적인 선거공약을 내건 에드워드 히스의 보수당이 승리했다. 히스 정권은 정리해고, 강력한 임금 억제, 가혹한 노동 악법을 이용해 노동자들을 악랄하게 공격했다. 이로 인해 전투적 파업과 점거 투쟁이 연이어 일어났다. 200건이 넘는 점거 투쟁의 촉매가 된 1971년 어퍼클라이드조선소 점거, 집단 피케팅이 돋보였던 1972년 광산·항만·건설 노동자 파업, 1974년 2차 광산 파업 등이 그것이다.

노사관계법에 반대하는 정치 파업으로 300만 일 이상, 정부의 소득정책에 반대하는 파업으로 150만 일 이상 '손실'됐다.*

---

* 노동 손실 일수를 일컫는다.

전투적 노동조합운동으로 노동 악법이 분쇄됐고, 그 법을 거역해 감옥에 갇혔던 펜턴빌 항만 노동자들이 석방됐다.* 1973년 겨울에는 광원들의 전국적 잔업 거부와 뒤이은 파업 때문에 극심한 정전 사태가 벌어져 주3일제가** 시행됐고, 이 때문에 보수당 정권도 힘을 잃어 결국 권력을 내놔야 했다.

사회주의 정치가 없었다면 이 모든 일이 일어나지 않았을 것이다. 공산당의 당원이거나 가까운 지지자인 노조 활동가가 대략 2만 명이었고, 혁명적 좌파 소속의 노조 활동가도 5000명 정도 됐다. 이들을 다 합해도 전체 노조 활동가 30만 명에 비하면 소수에 불과했다. 그러나 이 사회주의자들은 노동당에 대해 독립적 태도를 견지했기 때문에 노동조합과 노동당 지도자들이 그어 놓은 한계선을 뛰어넘어 투쟁을 밀어붙일 수 있었다.

언제나 가장 잘 조직됐거나 가장 큰 부대가 선봉에 서는 것은 아니다. 최근에 벌어진 파업 가운데 가장 눈에 띄는 사례는 대부분 여성인 영국항공의 체크인 직원 500명이 비공인 파

---

* 1972년 7월 항만노조 조합원 5명이 연대파업과 피케팅을 한 죄로 펜턴빌 교도소에 수감됐는데, 당시 보수당 정권은 대규모 파업과 시위에 밀려 결국 노동자들을 석방해야 했다.

** 주3일제 광산 파업으로 전력 수급이 제한되자 1주일에 3일만 전기를 공급하려 한 보수당 정권의 조처.

업을 벌여 히스로 공항을 멈춘 일이다. 경험이 일천한 노동자들이나 투쟁과 조직화의 전통이 없는 노동자들이 자극제가 될 수도 있는 것이다.

이는 1880~1890년대에 신노조운동이 태동한 배경과 비슷하다. 그 전에는 노동계급의 10퍼센트만 노동조합에 속해 있었다. 신노조운동 이전 30년에 걸쳐 성장한 남성 위주의 보수적 직업별 노조는 새로운 미숙련·반숙련 노동자들을 방어하고 조직하는 데 무능했다.

1888년에 브라이언트앤드메이 성냥 공장의 여성 노동자들이 벌인 파업을 필두로 미숙련·여성·이주 노동자들이 반란을 일으켰다. 대다수가 아일랜드 출신 이민자인 브라이언트앤드메이의 10대 여성 노동자들이 거둔 승리는 거대한 항만 노동자 파업에 영향을 미쳤고, 사회의 근본적 변혁을 요구한 강력한 일반노조가 결성되는 계기가 됐다.

신노조운동이 급성장한 데는 애니 베선트, 엘리너 마르크스, 톰 만과 같은 사회주의 활동가들의 개입과 지도가 큰 구실을 했다. 신노조운동의 성공으로 사회주의 사상과 단체도 성장했다.

노동계급이 부활하는 곳 어디에나 항상 그 중심에는 사회주의자들이 있었다. 윌리 갤러처, J T 머피와 같은 혁명적 사회주의자들이 글래스고와 셰필드에서 최초의 현장위원 운동을 건설하는 데 핵심 구실을 했다.

공산당은 1930년대에 자동차, 항공기, 경공업 부문에서 강력한 현장 노동자 조직을 건설하는 데 앞장섰다. 1970년대에는 사회주의노동자당SWP의 전신인 국제사회주의자들IS이 활기찬 현장조합원 운동이 출범하는 것을 도왔다. 오늘날 노동계급 부활의 성패도 지금 벌어지고 있는 투쟁에 사회주의자들이 어떻게 관계 맺는지에 달려 있을 것이다.

chapter 3

점거파업으로
사장들과 맞짱뜨기

와이트 섬의 베스타스 풍력 터빈 공장에서 벌어진 점거파업은 영국에서 최근에
일어난 노동자 투쟁으로, 이런 투쟁 전술은 미국, 한국, 중국 같은 곳에서도 널
리 구사되고 있다. … 그런 전술을 더 곧잘 사용한 프랑스에서는 오늘 한 영국
기업의 관리자가 정리해고 문제로 쟁의를 벌인 노동자들한테 볼모로 잡혔다.
프랑스에서 일어난 이른바 "상사 납치"의 최신 사례다.

〈가디언〉, 2009년 7월 24일

2009년 영국 비스테온 점거파업. 2008년 대불황 이후 영국에서 처음 벌어진 점거파업으로, 정리해고에 반대해 다국적기업 포드에 맞서 싸웠다.

노동조합 활동가들의 잡지 《레이버 리서치》는 "직장점거, 우리가 잃을 것이 있는가?"(2009년 8월)라는 기사에서 최근 아일랜드와 영국에서 벌어진 점거 투쟁의 성과와 세계 곳곳에서 일어난 점거파업의 성공 사례를 다음과 같이 전한다.

"참으로 놀라운 승리입니다." 비스테온 엔필드 공장의 유나이트*
노조 지부장 케빈 놀런이 투쟁의 성과를 두고 한 말이다. … 그러
나 근래에 놀런과 그의 동료들만 일터를 접수한 게 아니다. …
아르헨티나에서 노동자들이 수많은 공장을 점거했다. … 미국과

---

* 유나이트 운수노조와 금속노조의 통합 노조. 영국 최대 노조이자 공공 일반
노조.

캐나다에서도 점거 투쟁이 잇따랐다. 가장 잘 알려진 곳은 시카고의 리퍼블릭윈도스앤드도어스다. … 점거 노동자들은 엄청난 지지를 받았고, 제시 잭슨 목사는 이 점거 투쟁을 가리켜 "경제적 폭력에 맞선 더 큰 대중운동의 시작"이라고 표현했다. 노동자들은 유급휴가와 퇴직금을 따내고, 회사 소유주가 바뀐 뒤에도 고용 승계를 일부 보장받았다. …

올해 2월 우크라이나 헤르손에서는 노동자 2300명이 상용차 공장을 점거했다. … 같은 달에 이집트의 아드라마 방직공장에서 노동자 3000명이 상여금을 요구하며 농성을 벌였다. 그에 앞서 2008년에도 삼마누드 방직공장에서 비슷한 투쟁이 벌어져 노동자 1300명이 식대를 2배 인상하라고 요구하며 공장을 점거했다. …

프랑스 낭트에서는 신문 인쇄기를 만드는 고스인터내셔널 노동자들이 공장 폐쇄를 막으려고 점거에 돌입했다. 5일 만에 노동자들은 공장 일부와 일자리 대부분을 유지한다는 약속을 받아 냈다.

터키에서는 메하 방직공장을 비롯해 수많은 공장에서 점거 투쟁이 있었다. 5월에는 한국의 거대 자동차 공장 중 하나인 쌍용자동차에서 노동자 수천 명이 정리해고에 맞서 공장을 점거했다.

중국 노동자들도 억압적 정권을 무릅쓰고 투쟁을 벌였다. [2008년] 12월에 상하이의 한 컴퓨터 공장에서 노동자 1000명이 점거파업

• 제시 잭슨 미국의 저명한 흑인 공민권 운동가.

을 벌였다. 오래지 않아 광저우의 노동자들도 이를 본받아 공장을 점거했다.

지난 반세기 동안 영국에서 벌어진 점거 투쟁에서 가장 유명한 사례는 1971~1972년에 있었던 어퍼클라이드조선소 점거일 것이다. 이 투쟁은 1970년대 초에 일어난 약 200건의 점거 중에서 가장 큰 규모였다. … 1981년 그리녹의 리청바지와 1996년 글래스고의 글래시어 기계 공장 등에서 벌어진 점거파업이 점거 투쟁의 불씨를 이어갔으나, 1970년대 중반부터는 이런 투쟁 형태가 뚜렷하게 감소했다.

왜 점거 투쟁인가

점거 농성은 본래 폐업, 무급 휴직, 해고에 맞서 싸우는 전술로 사용됐다. 지금도 이런 전술은 사측을 물러서게 하고 상당한 양보를 따내는 데에 매우 효과적인 수단이다.

점거 투쟁은 다른 노동자들의 사기를 높이고, 확산될 경우 방어적·지역적 투쟁을 고용주와 정부에 맞서는 공세적·전국적 투쟁으로 빠르게 전환시킨다. 점거 투쟁이 성공하면 노동계급의 통제력이 확대되고 노동자의 자주적 활동 수준이 전반적으로 올라간다. 자본과 노동 사이의 세력균형을 재빨리 바꿀 수도 있다.

2000~2001년 세계 불황은 아르헨티나를 쑥대밭으로 만들었다. 아르헨티나는 신자유주의를 가장 빠르게 받아들인 나라 가운데 하나였다. 2001년 12월에 페소가 평가절하되자 예금 인출 소동이 벌어졌다. 공장이 문을 닫고 실업률이 치솟아 20퍼센트를 넘어서자 노동자들은 지배자들이 초래한 위기의 대가를 더는 대신 치르지 않기로 결심했다. 실업자들의 시위로 고속도로가 봉쇄되고 노동자들이 수백 개의 사업장을 접수했다.

이것은 4주 만에 대통령 4명을 갈아 치운 반란의 일부였다. 영국 언론인 폴 메이슨은 최신작 《일해도 먹고 살 수 없다면 싸우다 죽자》에 다음과 같이 썼다.

2001년 격변 때 점거된 공장 중 약 160곳은 여전히 노동자들이 관리한다. 몇몇 공장은 완전한 국유화를 요구한다. 협동조합 형태로 남기를 바라거나, 새 경영진 아래서 지급 능력을 회복하도록 정부 보조금을 원하는 공장도 있다.

1937년 미국에서는 점거파업이 500건이나 벌어졌다. 그 거대한 투쟁 시기에 레온 트로츠키가 지적한 다음과 같은 요점은 지금도 유효하다.

점거파업은 통상적 자본주의 절차라는 제약을 뛰어넘는다. 일시적 공장 장악은 파업 노동자들의 요구와 무관하게 자본주의적 소유에 타격을 준다. 모든 점거파업은 공장의 주인이 누구냐, 자본가냐 노동자냐라는 물음을 현실적으로 제기한다.

점거 투쟁은 전통적 형태의 파업보다 유용한 점이 많다. 일터를 접수하는 것이 단순한 작업 거부보다 흔히 더 효과적이고 덜 위험하다.

첫째, 점거 투쟁은 노동 악법과 파업의 효과를 방해·지연·차단하려고 고안된 방해물들을 모두 제거한다.

둘째, 점거 투쟁은 사측의 대체 인력 투입과 직장폐쇄 시도를 차단한다. 노동자들이 값비싼 기계와 회사 자산, 원자재, 미완성 제품, 전산 자료를 통제하므로 사측은 파업 파괴 술책을 쓰는 데 더 주저하게 된다.

셋째, 점거 투쟁은 사측을 수세적 처지로 내몰고, 노동자들의 사기를 꺾고 이간질하기 어렵게 만든다. 관리자들의 공장 출입을 막아 물품과 기계 반출을 차단하고, 거래처와 고객에 제품을 넘기지 못하게 한다.

넷째, 점거 투쟁 과정에서 노동자들의 사기가 올라간다. 농성장에서 노동자들은 자신이 생산을 멈췄다는 것, 그리고 공장 폐쇄를 막아냈다는 것을 또렷이 깨닫는다. 무엇보다 공장은 사장의 소유라는 통념이 점거 투쟁으로 깨지기 시작한다. 노동자들은 자신이 공장을 통제한다고 생각한다.

다섯째, 농성장은 24시간 투쟁 거점이 돼 회의·활동·오락의 장소로, 다른 사업장 방문을 기획하는 장소로 사용될 수 있다. 농성장은 따뜻하고 쾌적하며, 피켓라인에서는 불가능한 숙박과 편의 시설을 제공한다.

여섯째, 점거 투쟁을 계기로 다른 노동자와 단체의 연대와 지지를 끌어낼 수 있다. 지역사회의 지원을 받는 것도 수월해진다. 또 언론의 주목을 많이 끌 수 있다.

일곱째, 점거 투쟁으로 연대 의식과 전투성이 더욱 고양된다. 점거 투쟁은 파업 노동자들을 똘똘 뭉치게 하고 파업 참가도 크게 늘린다. 파업 노동자들은 각자의 집에 고립된 채 사기가 꺾이는 대신 소통과 협력, 동지애를 강화한다.

여덟째, 점거 투쟁은 현장조합원의 자주성과 참여를 북돋는다. 다시 말해 노조 간부들에 대한 의존이 줄어든다.

특히 해고에 맞서 싸울 때는 빠르게 행동하고 지체 없이 사업장을 점거하는 것이 중요하다. 끝없는 회의와 협상은 사측이 노동자들을 분열시키고 사기를 꺾을 기회만 줄 뿐이다.

점거 투쟁을 총회에 공식 제안하고 그 자리에서 돌입 날짜를 결정하는 일은 거의 없다. 그렇게 하면 사측에게 미리 경고를 주는 셈이고, 그들이 대비할 시간만 벌어 주는 꼴이 된다. 점거파업은 곧잘 소수가 주도해서 시작된다. 그러나 소수의 행동이 다수의 적극적 지지를 구하고 얻어 내야만 점거파업은 성공할 수 있다. 조합원 집회를 자주 열어서 점거 투쟁을 노동자들 자신의 것으로 만들어야 한다.

점거 투쟁의 강점은 건물과 기계, 자재, 장비, 정보를 통제할 수 있다는 것이다. 이것은 자본가가 회사를 운영하는 데 필요한 것, 또는 팔거나 다른 곳으로 반출하기 원하는 것들이다. 회사 소유주나 자산을 노린 투기 자본은 이런 것들을 귀하게 여길 테고, 따라서 노동자들이 회사 자산을 꽉 쥐고 있을수록 상대는 더욱 협상하고 싶어 안달이 날 것이다.

점거 투쟁 바깥으로 눈을 돌리는 것도 중요하다. 그저 점거만 해선 안 된다. 농성장을 파업 노동자들이 운동과 지역사회를 설득하고 지지를 구할 기지로 활용하라. 점거는 강력한 무기지만 진정한 잠재력은 연대를 획득하고 투쟁을 확산시키는 데 있다.

현장위원회들은[*] 바로 지금 점거 투쟁 계획을 토론해야 한

---

* 현장위원shop steward은 작업장위원, 직장위원으로도 번역되는 영국 노동조합의 현장대표자들로, 우리나라 금속노조 일부 사업장의 비非선출직 현장위원과 달리 보통 조합원 50명당 1명꼴로 직접 선출된다.

다. 정리해고 낌새가 있든 없든 모든 사업장에서 점거 투쟁을 포함해 정리해고에 대처할 방침을 정해야 한다. 그렇게 해야 정리해고가 실제로 벌어질 때 더 빨리 행동할 수 있다.

프랑스를 뒤흔든 1936년 파업과 공장점거 운동을 다룬 책 《1936년 6월: 프랑스 계급투쟁과 민중전선》에서 자크 다노와 마르셀 지블랭은 합법주의와 관련해 다음과 같이 중요한 주장을 펼쳤다.

이 주제로 글을 쓴 사람들은 공장점거가 불법이라는 사실을 모두 인정했다. 공장점거를 신성한 소유권을 침해하는 행위로 여긴 것이다. 우리는 이 합법성 문제를 더는 살펴보지 않을 것이다. 노동계급이 쟁취한 모든 성과는 법이 정한 한계선에서 구사했거나 법과 명백히 대립하며 구사한 수단들과 관계있다는 사실을 상기하는 것으로 충분하다.

투쟁에 참여한 노동자들이 합법주의 문제로 노조 지도자들과 충돌을 빚을 수밖에 없기 때문에 이것은 중요한 문제다. 예컨대 비스테온에서는 노조 간부들이 런던 북부 공장 노동자들의 점거를 끝내려고 법 위반 문제를 핑계로 삼았다.

1930년대 미국에서 벌어진 위대한 점거파업을 기록한 책 《노동계급의 거대한 전진: 산업별노동조합회의 20년사》에서

아트 프라이스는 이런 충돌의 근원을 분명하게 지적했다. 오늘날 사회주의자들은 다음과 같은 그의 말을 특별히 새겨들어야 한다.

점거파업을 놓고 미국 노총AFL 지도자들뿐만 아니라 산업별조직위원회CIO* 지도자들까지 불안케 했던 것은 아무리 일시적일지라도 노동자들의 생산수단 장악이 함축하는 혁명적 의의였다. 비굴하게 자본주의 체제의 종 노릇을 하는 노조 관료들은 점거파업으로 사유재산과 자유기업이라는 신성한 원칙이 도전받는 것을 봤다. 만약 노동자들이 경제적 요구를 관철하기 위해 공장을 장악할 수 있다면 더 폭넓은 사회적 요구를 두고서도 그렇게 하지 못할 이유가 무엇인가? 노동자들이 사적 소유를 완전히 철폐하고 사회적 소유를 기초로 생산을 조직하지 못할 이유는 무엇인가? 이런 혁명적 사상이 바로 점거파업의 본질에 내재해 있다. 미국 노동자들은 자기 지도자들과 달리 생산수단의 사적 소유를 신성한 것으로 여기지 않았다. 노동자들은 자본가 권력의 심장부가 어디에 있는지 재빨리 이해했고 자본가의 사유재산을 접수함으로써 그 심장을 움켜쥐었다.

• 산업별조직위원회는 산업별노동조합회의의 전신이다. 1938년에 노총에서 완전히 분리해 나오면서 명칭이 바뀌었다.

1971년 7월 어퍼클라이드조선소 점거가 벌어지기 전까지 영국에서는 점거 투쟁이 매우 드물었다. 그러나 국제 노동자 운동에는 점거 투쟁의 오랜 역사가 있다. 다음 장부터는 국제 노동자 운동의 풍부한 경험 중에서 주요한 몇몇 시기들을 집중적으로 다룰 것이다. 바로 1920년 이탈리아와 1930년대 프랑스·미국, 1968년 프랑스, 1970년대 초 이래 영국의 경험이다.

chapter 4

1920년 이탈리아:
공장점거 운동

제1차세계대전을 계기로 여러 나라에서 혁명적 위기가 촉발됐다. 그 정점은
1917년 10월에 벌어진 볼셰비키 혁명이었는데, 전쟁 직후에는 아무도 그렇게
생각하지 않았다. 우파와 좌파 모두 10월 혁명을 대개 끝이 아닌 시작이라고
여겼다. 분별 있는 사람들은 헝가리와 오스트리아, 독일, 이탈리아에서, 그리
고 심지어 영국에서도 혁명이 일어날 것이라고 내다봤다. 특히 이 국제적 위기
의 두드러진 특징은 소비에트, 즉 노동자평의회라는 현상이었다.

제임스 힌턴, 《최초의 현장위원 운동》(1973)

1920년, "붉은 2년" 시기에 공장을 점거하고 자주관리한 이탈리아 노동자들.

'소비에트'는 평의회나 위원회를 뜻하는 러시아어다. 소비에트는 1905년 러시아 혁명 때 상트페테르부르크의 공장 대표자 평의회로 맨 처음 등장했다. 애초 인쇄 노동자들이 구성한 파업위원회가 도시 전체 노동자들을 대표하는 기구로 발전한 것으로, 현장 노동자 조직의 힘에 기초해 노동조합 사이의 경계를 가로질러 영향력을 행사했다.

1905년 혁명은 분쇄됐지만, 1917년 2월 혁명으로 차르 제정이 타도되자 소비에트가 대규모로 다시 등장했다. 이때 소비에트는 노동자뿐만 아니라 제1차세계대전 참전에 반기를 든 수많은 병사, 지주에 맞서 싸운 농민까지 포괄했다.

소비에트는 자체의 노동자 시민군, 곧 적위대를 창설했다. 차르 제정을 대신해 임시정부가 들어섰지만, 전쟁의 지속과 러시아 자본주의의 안정을 바란 임시정부는 날로 세력과 지지가 커지던 사실상의 노동자 정부와 충돌할 수밖에 없었다.

이것은 이중권력 상황이었다. 다시 말해 러시아 자본가계급이 소비에트를 깨부수거나 소비에트가 권력을 잡아야 했다. 결국 노동자들이 반혁명 시도를 물리쳤다. 1917년 10월 볼셰비키의 주도 아래 노동자들이 임시정부를 무너뜨렸다.

러시아 노동계급은 권력 장악 뒤 꽤 오래 권력을 유지한 역사상 최초의 피착취 계급이 됐다. 노동자가 공장과 사무실, 교통 시설, 은행, 정부 기관을 통제했다. 농민은 여러 세대 동안 일해 온 토지를 접수하고서 자기 삶을 지배해 온 지주를 몰아냈다.

10월 혁명은 일회성 사건이 아니었다. 유럽 전체를 뒤흔들며 확산한 노동자 투쟁의 일부였다. 독일에서는 1918년 11월에 노동자·병사·수병 위원회가 카이저를 타도하고 제1차세계대전에 마침표를 찍었다. 오스트리아와 헝가리에서 혁명이 벌어져 합스부르크 왕가가 몰락했다. 영국은 1919년에 벌어진 전국현장위원회·노동자위원회운동으로 혁명 직전까지 나아갔다.

전쟁으로 지친 유럽 노동계급은 러시아 혁명에 열광했고, 특히 이탈리아에서는 1919~1920년을 "비엔뇨 로소(붉은 2년)"로 부를 정도로 투쟁이 거셌다. 1920년 9월에 파업이 급증하며 이탈리아를 휩쓸었다. 50만 명이 넘는 노동자가 공장을 점거하고 공장을 운영할 위원회를 설립했으며 정치권력까지 위협했다. 이탈리아 국가는 붕괴 직전처럼 보였다.

이탈리아의 사회주의자 안토니오 그람시는 토리노 공장위원회 운동의 핵심 인물이었다. 공장위원회는 노조 가입 여부에 상관없이 모든 노동자를 조직했다. 그람시는 러시아에서 출현한 노동자 권력의 사례를 다른 나라 노동자들의 경험과 연결지어 다음과 같이 주장했다.

우리가 오늘날을 혁명기라고 하는 데는 다음과 같은 분명한 이유가 있다. 즉 모든 나라의 노동계급이 자체적으로 새로운 형태의 노동자 기관을 만들려고 힘차게 나서고 있기 때문으로, 이런 기관은 대의제를 기초로 하고 산업 현장을 무대로 한다. 지금이 혁명기인 또 다른 이유는 노동계급이 전심전력으로 자신의 국가를 세우려는 경향이 있기 때문이다.

그람시에게 소비에트란 외부에서 들여오거나 위로부터 강요된 인위적 기관이 아니었다. 소비에트는 생산과정 자체에서 노동자 투쟁을 거쳐 생겨났다. 다시 말해 "실제 역사 상황의 산물이자 노동계급 자신의 성과"였다. 그람시는 토리노 노동자들의 위원회가 사회주의 사회로 나아갈 가교가 될 현존하는 노동자 기관이라고 봤다.

제1차세계대전은 이탈리아에 재앙이었다. 징집된 농민들이 부질없는 전투에 끌려가 학살당했다. 60만 명이 죽고 70만 명이 불구가 됐다. 1917년 10월 이탈리아 군대는 카포레토 전투에서 완패하고 베네치아 주변을 잃었다.

전시 생산으로 노동자들은 초착취를 당했다. 북부의 토리노, 제노바, 밀라노가 거대한 공업 삼각지대를 이뤄서 농촌 인력과 수많은 여성을 공장으로 빨아들였다. 피아트나 피렐리 같은 대기업들이 이탈리아 산업을 지배했다. 전쟁이 끝날 무렵 금속 산업에 종사하는 노동자는 50만 명이나 됐다. 피아트 노동자는 7000명에서 3만 명으로 늘었다.

산업 자본가들은 엄청난 이윤을 냈다. 그러나 전시경제 탓에 작업 규율이 세지고 물가가 치솟자 식량 폭동과 파업이 벌어졌다. 여느 곳처럼 이탈리아도 금속 산업이 핵심이었다. 숙련 금속 노동자들은 자동화와 노동강도 강화로 노동조건이 후퇴하자 갈수록 투쟁적으로 변했다.

토리노와 공장위원회

토리노에서는 금속 노동자들이 전시경제에 반대하는 목소리를 높였다. 식량 배급을 받으려고 몇 시간이나 줄을 서고 공장에서 하루 12시간 노동을 해야 했던 여성 노동자들이 주도해 1917년 8월 토리노에서 식량 폭동이 일어났다. 이탈리아 정부는 시위대 수백 명을 살해하고 800명을 투옥했다. 여성들이 산업 현장을 움직여 투쟁에 나서게 하자 식량 폭동은 파업으로 발전했다.

그람시와 그가 편집한 인기 있는 신문 〈오르디네 누오보〉(새 질서) 주변에 모인 혁명가들의 영향을 받아 토리노 노동자들은 독립적인 현장 노동자 조직을 발전시켰다. 이 조직은 영국 현장 위원회의 이탈리아판이라 할 수 있는 내부위원회에 기초했다.

〈오르디네 누오보〉 덕택에 토리노의 노동자 운동은 협소한 노동조합의 한계를 넘어섰고, 공장위원회 네트워크가 출현해 노동자 권력 문제를 제기하기 시작했다. 러시아 혁명에 연대하는 이틀간의 파업도 벌였다. 1919년 2월 이탈리아의 금속 노동자들은 8시간 노동제를 쟁취했고, 1919년 11월에는 금속노조 토리노 지부가 공장위원회를 규약으로 채택했다. 남부 농촌 지역에서는 귀향한 제대군인들이 농민을 이끌고 토지를 점거했고, 농업 파업이 포 평야, 베네토, 움브리아, 투스카니 지역을 휩쓸었다.

당시 이탈리아의 노동조합운동과 이탈리아 사회당PSI의 발전 정도는 걸음마 수준에 불과했다. 투쟁이 확산하자 주요 노총인 사회당 계열의 이탈리아 노총CGL이 아주 크게 성장했다. 제

1차세계대전이 끝날 무렵 노총의 조합원 수는 25만 명이었다. 그로부터 2년 만에 조합원 수가 200만 명으로 늘었다. 사회당도 2년 만에 당원을 10배로 불려 1918년에 2만 3000명이었던 당원이 1920년에 22만 명으로 급증했다. 1919년 총선에서 사회당은 전체 투표의 3분의 1인 200만 표를 획득해 156석을 얻었고, 지자체 2800곳을 석권했다.

사회당은 총선 두 달 전 공산주의인터내셔널에 가입했고 당 지도자들은 혁명적 언사를 썼다. 그러나 러시아 혁명의 핵심 인물인 트로츠키는 사회당 지도자들의 말과 행동 사이의 차이를 다음과 같이 꼬집었다.

> 대중은 〈아반티〉(전진)에* 실린 글과 사회당 대변인이 한 말을 전부 혁명 호소로 받아들였다. … 그러나 … 사회당은 말로만 혁명적 정책을 수행할 뿐 결과는 전혀 책임지지 않았다.

1920년 4월에 토리노 노동자 50만 명이 공장위원회를 지키려고 파업에 들어갔을 때 그 차이가 드러났다. 파업은 피에몬테 주 전역으로 번졌다. 반란이 일어날 것을 우려한 이탈리아 정부는 기업주들을 보호하고자 토리노에 군대를 투입했다. 군

---

* 〈아반티〉 사회당 기관지.

인 5만 명이 시내에 진주하고 장갑차들이 거리를 돌아다녔다.

한 달 동안 대치한 끝에 토리노 노동자들이 패배했는데, 주로 사회당과 노총 지도부가 파업을 지지하고 확산시키기를 거부했기 때문이다. 토리노 시의 사회당이 공장위원회 운동에서 지도적 구실을 했지만, 토리노 밖의 사회당 지도부는 공장위원회 운동을 완강하게 반대했다. 당 지도부는 그람시와 공장위원회 운동의 지도자들을 '모험가'라며 공격했다.

그렇지만 그람시는 당시 정세를 다음과 같이 분석하며 사회당 지도부의 수동성을 경고했다.

이탈리아 계급투쟁의 현 국면은 혁명적 노동계급이 정치권력을 장악해 새로운 생산·분배 양식으로 이행할 것인가 … 아니면 유산계급과 지배층이 자행하는 거대한 반동으로 나아갈 것인가 하는 갈림길에 선 상황이다. 지배계급은 아무 거리낌 없이 폭력을 사용하며 노동자와 농민을 노예처럼 부려 먹으려 들 것이다. … 사회당은 구경꾼처럼 사태를 관망만 한다. 사회당은 자기 주장을 전혀 하지 않는다.

결정적 전투는 1920년 9월에 벌어졌다. 그 전 수개월 동안 금속 노동자들은 물가 폭등을 따라잡으려고 임금 인상을 요구했다. 8월에 교섭이 결렬되고 사용자들은 임금 인상을 전면 거부했다. 8월 31일 밀라노의 알파로메오 공장에서 투쟁적 노동자들이 해고되고 조합원 2000명이 직장폐쇄로 공장 밖으로 쫓겨나자 곧바로 밀라노 지역의 공장 300군데에서 점거 투쟁이 일어났다. 9월 1일에 토리노의 노동자들도 신속하게 그 운동에 동참했고, 혁명가들이 중심에 서서 운동을 확대했다. 이 점거 투쟁에는 이중권력의 요소가 있었다. 무장한 노동자들이 공장을 지키고, 선출된 공장위원회가 소비에트처럼 행동하기 시작했다.

그윈 윌리엄스는 1975년에 낸 책 《노동계급의 질서》에서 당시 어떤 식으로 이 운동이 발전했는지를 다음과 같이 설명했다.

9월 1~4일에 이탈리아 곳곳에서 금속 노동자들이 공장을 점거했다. 점거 투쟁은 거대하게 물결치는 검고 붉은 깃발과 노동자 악대의 팡파르와 함께 밀라노, 토리노, 제노바 주변의 산업 중심지뿐만 아니라 로마, 피렌체, 나폴리, 팔레르모까지 퍼져 나갔다. 3일 만에 노동자 40만 명이 점거에 나섰다. 운동이 다른 부문으로 확산되자 전체 숫자는 50만 명을 넘어섰다. 사람들 모두 이런 반응에 경탄을 금치 못했다.

1주일 사이 점거에 가담한 노동자가 어림잡아 60만 명이었다. 이것은 단지 임금 인상을 요구하는 점거가 아니라 이탈리아 국가에 정면으로 도전하는 투쟁이었다. 공장마다 노동자들의 관리 아래 생산을 재개했다. 토리노 공장위원회 운동도 되살아났고, 그람시는 환희에 차서 이렇게 말했다. "이런 하루는 일상 활동 10년의 값어치가 있다."

노동자 자주관리 문제는 그해 4월에 토리노 노동자들이 패배하면서 완전히 끝장났었다. 이제 노동자 자주관리가 되살아났고 상황이 완전히 변했다. 그람시는 1920년 9월 〈아반티〉에 다음과 같이 썼다.

> 노동자들이 파업으로 자신의 경제적 조건을 개선하려고 투쟁할 때, 이들이 그 투쟁에서 해야 하는 일은 멀리서 지휘하는 노조 지도자들을 신뢰하고 이런 광범한 신뢰에 기초해 연대와 저항을 건설하는 것으로 한정됐다. 그러나 노동자들이 공장을 점거하고 생산을 계속할 때는 노동자 대중의 사기와 의식이 갑자기 새로운 형태와 가치를 띤다. 노조 관료들은 더는 지도하지 못하고, 노동자들의 시야가 엄청나게 넓어진 까닭에 설 자리를 잃는다. 노동자 대중은 자기 수단과 사람으로 공장의 문제를 해결해야 한다.

공장점거 운동은 금속 산업을 넘어 방적 공장과 방직 공장, 탄광, 타이어 공장, 양조장, 물류 창고, 가죽 공장으로 퍼져 나갔다. 항구가 폐쇄되고 배가 접수됐다. 이탈리아 전역에서 점거 투쟁이 전면적으로 벌어졌다. 공장이 있는 곳이라면 어디서든 노조가 있든 없든 점거가 벌어졌다. 공장위원회가 세워져 교통과 운송을 관리하고 식량과 원료를 공급할 노동자 대표들이 임명됐다. 노동자들은 적위대를 창설해 점거된 공장을 방어하고 노동자 거주지를 순찰했다. 몇몇 공장 소유주들이 애걸복걸했지만 영리하게도 이탈리아 정부는 점거 노동자들을 섣불리 쫓아내려 하지 않았다.

이탈리아에서 가장 영향력 있는 신문인 밀라노의 〈코리에레델라 세라〉는 다음과 같이 보도했다.

어제 저녁 공장들에서는 진기한 광경을 볼 수 있었다. 사람들이 여성과 아이로 북적대는 공장 정문을 드나들며 파업 노동자들이 먹을 음식을 날랐다. 공장 입구는 노동자들이 철저히 지켰다. 관리자나 경찰은 코빼기도 안 보였고, 파업 노동자들이 사태를 완전히 장악했다. 자동차로 출입하는 사람들은 마치 국경을 넘을 때처럼 모두 검문을 받았다. 출입을 관리하는 것은 조직된 노동자들이었다.

가장 눈에 띄는 건 철도 노동자들의 행동이었다. 철도 노동자들은 화물열차로 점거된 공장들을 오가며 연료와 식량, 원자재, 공장 사이의 화물을 수송했다. 철도 노동자들은 투쟁을 진압하려고 동원된 군대의 수송도 거부했다.

그람시는 운동이 더 전진해야 하고 권력의 심장부, 즉 통신과 은행, 군대, 국가를 접수해야 한다고 주장했다. 대중 연설에서도 공장 관리와 소비에트 민주주의는 현존 국가에 맞서는 혁명을 일으켜야 쟁취할 수 있다고 주장했다. 그람시가 공장위원회 건설을 강조한 것은 오직 새롭고 비非의회적인 기관으로만 노동계급이 사회를 바꿀 수 있다고 확신했기 때문이다.

토리노에서 그람시의 영향력은 견줄 상대가 없었다. 그러나 나머지 지역의 공장위원회는 사회당과 노조 간부들의 통제를 받았다. 이런 사람들한테 점거란 정부가 나서서 기업주와 노동자 사이를 중재해 사태를 정상으로 되돌려 놓도록 압박하는 수단이었다.

기업주들은 군대를 파견해 공장에서 노동자들을 쫓아내기를 원했지만, 총리인 졸리티는 점거 공장 공격이 도리어 판돈을 키울까 봐 이것을 거부했다. 이탈리아 역사학자 파올로 스프리아노가 1975년에 펴낸 책 《공장점거》에 졸리티와 피아트 창업자 아넬리가 나눈 다음과 같은 의미심장한 대화가 수록돼 있다.

졸리티: 시간만이 문제를 해결해 줄 것입니다. 그 외에는 무력 사용밖에 달리 방도가 없습니다.
아넬리: 바로 보셨습니다.

졸리티: 그렇겠죠. 그런데 솔직히 툭 터놓고 얘기해 봅시다. 적위대가 공장에서 발포하면 난 병력을 무방비로 길거리에 두지 않을 겁니다. 노동자들을 공장에서 쫓아내려면 대포가 필요합니다.

아넬리: 동의합니다.

졸리티: 그렇다면 우리는 곧바로 포병을 배치할 태세가 돼 있습니다. 토리노에 제7산악포병연대가 주둔해 있으니까요. 바로 명령을 내리겠습니다. 내일 새벽쯤이면 피아트 공장을 포격하고 노동자들로부터 되찾을 수 있을 것입니다.

아넬리: 안 돼요, 안 돼!

졸리티: 그럼 어떡하라는 말씀인가요?

아넬리: ….

나중에 졸리티는 밀라노의 행정 책임자에게 다음과 같이 말했다.

기업주들에게 정부가 겨우 그 사람들 돈을 지켜 주자고 무력을 사용해 혁명을 촉발할 수는 없다는 것을 납득시켜야 합니다. 무력을 사용하면 아무리 못해도 공장이 쑥대밭이 될 것입니다. 난 평화적 해결을 추구합니다.

교활하게도 졸리티는 노동조합과 사회당 지도자들이 협상

을 원한다는 사실을 적극 이용했다. 고용주들은 반발했지만 사회당과 노총은 투쟁을 끝낼 기회를 얻었다.

지배층이 허둥대는 사이 사회당과 노총 지도자들은 9월 10일 밀라노에서 회합했다. 노조 지도자들은 먼저 토리노 대표자들에게 봉기를 이끌 태세가 돼 있는지 물었다. 지난 4월에 이미 한 번 버림받았던 토리노 대표자들은 다시 위험을 무릅쓰려 하지 않았다. 그다음에 노총은 사회당에게 경제적 현안들보다 '정치적' 문제를 두고 싸우길 원한다면 운동의 지도권을 사회당한테 넘기겠다고 제안했다.

혁명적인 척 허풍을 떨면서도 사회당 지도자들은 이 제안을 거절했다. 거꾸로 사회당은 노총에 혁명의 가부를 묻는 조합원 총투표를 실시하라고 요구했다. 이 역제안에 사회당 지지자들도 "혁명을 할지 말지를 회의에서 결정할 수는 없지 않느냐"며 어리둥절해 했다.

공장위원회 대표자들이 아니라 노조 대표자들이 모여 혁명의 가부를 묻는 회의를 열었다. 가장 투쟁적인 노동자들을 배제하려는 의도적 조처였다. 조합원 59만 1245명을 대표한 대의원들이 혁명에 반대했고, 40만 9569명을 대표한 대의원들이 찬성했다. 아무도 지도하려 하지 않고 가장 투쟁적인 노동자들 일부도 회의에서 배제된 상황에서 혁명에 찬성한 소수파가 얻은 표는 인상적이었다.

체면치레

토리노의 지도자 중 한 명인 안젤로 타스카는 사회당을 다음과 같이 혹독하게 비판했다.

사회당 지도부는 혁명을 설교하며 몇 달을 허송세월했다. 당 지도부는 아무것도 내다보지 못했고 아무 대비도 하지 않았다. 밀라노에서 노총의 혁명 반대 방침에 다수가 따랐을 때 사회당 지도자들은 안도의 한숨을 내쉬었다. 당 지도부는 모든 책임으로부터 벗어났고 노총이 저지른 배신을 목청껏 비난할 수 있었다. 그래서 사회당 지도부는 결정적 순간에 대중을 저버렸으면서도 생색낼 거리가 생겼고, 체면치레할 명분을 얻어 만족스러워했다.

9월 19일 졸리티는 사용자 대표와 노조 대표를 불러 모아 전체 노동자의 임금을 인상하고 노조에 공장 운영에 대한 발언권을 주는 타협을 하라고 압박했다. 그다음 주에 금속 노동자들이 지도부의 합의안을 놓고 찬반 투표를 했다.

달리 대안이 없었으므로 노동자들은 3 대 1로 합의안을 수용했다. 9월 말이 되자 공장이 전부 반환됐다. 위대한 혁명적 시기가 그냥 지나갔다. 몇몇 지도자들은 그것을 승리라 일컬었지만, 혁명이 곧 가능할 것이라 여겼던 수많은 노동자들은 사기가 꺾인 채 일터로 돌아갔다.

기업주들은 크게 안도했다. 타협 직전 아넬리는 매우 겁을 먹고 회사를 노동자 협동조합으로 바꾸자고 제안하기까지 했다. 그러나 실업이 늘고 노동자가 물러서면서 사장들의 두려움은 사라졌다. 졸리티의 양보 조처에 노발대발한 사장들은 파시스트의 손을 빌어 자신을 모욕한 노동계급에게 앙갚음하려 했다.

파올로 스프리아노는 공장점거를 다룬 훌륭한 책의 서문에서 투쟁이 한창일 때의 분위기를 다음과 같이 빼어나게 설명했다.

사회당의 1921년 연감을 보면 꼼꼼한 편집자가 "이탈리아의 자본과 노동 사이에 벌어진 투쟁에서 가장 인상적인 순간"이라고 부른 희귀한 사진이 몇 장 있다. 바로 1920년 9월의 공장점거 장면들이다. … 그 투쟁은 이례적 사건이었고, 이 사진 몇 장만으로도 우리는 당시 분위기를 곧장 이해할 수 있다. 무기를 들거나 맨손의 이 수많은 노동자들은 공장에서 일하고 자고 보초를 서며, 자신들이 이역만리의 레닌처럼 '혁명 한복판'에서 살고 있다고 생각했다.

한 달 동안 노동자들은 공장을 점거하고 아무 대가도 받지 못한 채 공장을 운영했다. 그것은 믿기 힘든 성과였다. 노조 지도자들이 투쟁을 중단시키기 전까지 점거는 계속 확산됐다. 만약 공장위원회 운동이 토리노 바깥에서도 벌어졌다면 결과는 꽤 달라졌을 것이다.

그러나 투쟁을 확대하고 반란으로 발전시키려 한 투쟁적 노동자들은 서로 접촉할 수 없었고, 남부에서 싸우던 농민과 귀향한 제대군인, 무토지 농민과도 결합할 수 없었다. 그람시가 사회당의 개혁주의 지도부와 단절하고 새롭게 공산당을 창설할 필요를 이해할 무렵 점거 운동은 이미 막을 내렸다.

1924년에 그람시는 과거를 돌아보며 다음과 같이 썼다.

1919~1920년에 우리는 매우 심각한 오류를 저질렀고, 그 대가를 오늘날 톡톡히 치르고 있다. 출세주의자로 불리는 것을 두려워한 나머지 우리는 독자 분파를 결성해 이를 이탈리아 곳곳에서 조직하지 않았다. 또 노동조합이 분열하고 사회당에서 너무 일찍 추방될까 봐 토리노 공장위원회를 독립적 지휘부로 삼지 않았는데, 만약 그렇게 했다면 전국에 어마어마한 영향력을 행사했을 것이다.

후기: 1945년 이탈리아

1922년에 무솔리니가 권력을 잡도록 자금을 댔던 자본가들은 1943년에 이탈리아 군대가 잇달아 패배하기 전까지 무솔리니 정권에 만족했다. 대규모 레지스탕스 운동은 1943년 봄에 처음 시작됐고, 10만 명이 넘는 노동자들이 파업에 참가했다. 토리노에서 시작된 파업은 이탈리아 북부 전체로 퍼져 나갔다. 비엔뇨 로소를 기억하는 공산당 투사들이 투쟁에 앞장섰다. 무솔리니는 파업 때문에 파시스트 운동이 20년이나 후퇴했다고 추종자들에게 투덜댔다.

연합군이 시칠리아에 상륙했을 때 이탈리아 지배계급은 무솔리니를 버리고 다른 권력에 빌붙을 준비가 돼 있었다. 1943년 7월에 지배계급이 무솔리니를 바돌리오 장군으로 교체하자 사람들은 로마 거리로 쏟아져 나와 파시즘의 몰락을 축하했다. 그러나 마냥 기뻐하기에는 너무 일렀다. 나치가 무솔리니를 구출했고, 독일 군대가 이탈리아 북부를 침공해 피렌체에 꼭두각시 정권을 세웠다. 이것이 대규모 레지스탕스 운동을 촉발했고 특히 공장에서 저항이 활발했다.

제2차세계대전에 대한 오랜 신화 하나는 연합군이 유럽을 해방했다는 생각이다. 이탈리아에서는 빨치산들이 이탈리아 북부에 주둔한 독일군 25개 사단 가운데 6개의 발을 묶었다. 빨치산들은 나폴리와 피렌체, 밀라노를 해방했다. 이탈리아인 70만 명이 레지스탕스 운동에 참가했고, 이탈리아 역사상 최초로 수많은 여성이 집 밖으로 나와 정치 활동에 참여했다.

1944년 1월에 게슈타포가 포로로 잡힌 레지스탕스 전사들을 총살하자 제노바에서 대규모 파업이 벌어졌다. 이어서 밀라노에서 30만 명이 참가한 파업이 있었고 볼로냐와 피렌체까지 확산됐는데, 저임금에 시달리는 여성 노동자들이 파업을 주도했다. 연합군이 도달하기 전에 레지스탕스가 독일로부터 피렌체의 대부분을 수복했고 공장을 자주관리했다. 토리노에서 투쟁의 선봉을 맡은 것은 공장 노동자들이었다.

1945년 4월 말 노동자들이 토리노와 밀라노를 장악하고 노동자평의회를 설립해 공장을 운영했다. 노동자 권력의 잠재력을 엿볼 수 있는 징후들이 널려 있었다. 그러나 이탈리아의 미래를 결정한 것은 노동자들이 아니라 전쟁에서 승리한 강대국의 지도자들, 바로 루스벨트, 스탈린, 처칠이었다. 열강은 유럽을 조각내 각자 세력권을 구축했다.

스탈린은 서유럽에서 공산당원들이 공장을 접수하고 혁명을 이끌게 내버려 두지 않았다. 자신이 지배한 동유럽까지 영향을 미칠까 봐 두려웠기 때문이다. 1944년에 이탈리아 공산당의 지도자 톨리아티는 모스크바에서 돌아와 당시 경멸의 대상이던 바돌리오 정권에 공산당이 참여할 것이고, 전쟁이 끝날 때까지 군주제를 유지하는 것에 찬성한다고 발표했다.

chapter 5

1936년 프랑스:
붉게 달아오른 6월

프랑스에서 혁명이 시작됐다.

레온 트로츠키, 1936년 6월 9일

1938년 프랑스 시트로엥 파업.

해고당한 활동가 2명을 지키려고 시작된 점거파업이 1주일 만에 거대한 공장점거 운동으로 발전하면서 프랑스의 기업주들과 국가는 몹시 휘청댔다.

1936년 6월 운동의 배경은 세계 불황과 파시즘의 부상이었다. 1931~1935년에 프랑스의 산업 생산량은 3분의 1이나 줄었다. 경제는 얼어붙었고, 노동자들은 대량 실업, 공장 폐쇄, 실질임금 하락으로 고통받았다. 정치 불안과 정부 추문까지 겹치자 프랑스는 갈가리 찢겼다.

1934년 프랑스 파시스트들은 바로 1년 전에 있었던 히틀러의 승리에 고취된 나머지 자기 차례가 왔다고 여겼다. 2월 6일에 파시스트 깡패들이 국회의사당인 파리의 부르봉 궁전을 습격했다. 이때 벌어진 싸움에서 15명이 죽고 수천 명이 다쳤다.

프랑스 정부는 사임 압력을 받았고, 결국 우파 연립정부로 교체됐다.

프랑스 파시스트들은 자신들이 히틀러를 본떠 권력 장악으로 나아가고 있다고 생각했다. 또 과거 10년간의 패배로 노동계급의 저항이 거의 없을 것이라 내다봤다. 그러나 노동자들의 저항은 매우 거셌다. 파시즘의 느닷없는 위협으로 상황이 완전히 바뀐 것이다.

노총CGT이 2월 12일에 총파업을 벌이겠다고 선언했고, 사회당SFIO은 같은 날 파리에서 시위를 벌이자고 제안했다. 애초에 공산당PCF 지도부는 이 제안을 맹비난하며 당 기관지 〈뤼마니테〉에 이렇게 일갈했다. "자본주의 체제 수호에 협력하며 계급투쟁을 저버린 사람들, 바로 독일에서처럼 프랑스에서 파시즘의 터를 닦고 있는 자들과 우리가 어떻게 행동을 같이 할 수 있겠는가?"

2월 11일까지도 〈뤼마니테〉는 계속해서 노총과 사회당의 공동 행동을 종파적으로 공격했고, 그들을 "사회파시스트"라고 비난했다. 그러나 2월 11일 밤이 되자 공산당 지도부는 노총, 사회당과 공동전선을 꾸리라고 요구하는 평당원 활동가들에게 이 지침을 더는 고집할 수 없었다.

막판에 공산당은 공동 행동을 지지하기로 결정했다. 500만 명이 총파업에 참가했고, 그날 커다란 두 행진 대열이 파리 중심가에서 만났다. 하나는 공산당이 이끌었고, 더 큰 하나는 사회당 지도자 레옹 블룸이 앞장섰다.

"단결, 단결"을 연호하며 두 대열이 자연스럽게 합류해 100만 명이 시위를 벌였다. 몇 년 만에 처음으로 사회당과 공산당 노동자들이 나란히 행진했다. 전국에서 350건의 비슷한 시위가 벌어졌다. 노동자들은 독일의 실수를 되풀이해서 프랑스판 히틀러가 집권하도록 내버려 두지 않을 것임을 확고히 보여 줬다.

한편 2월 12일 시위로 프랑스에서 민중전선의 토대가 마련됐다. 히틀러가 승리하자 스탈린과 소련 지도자들은 노선을 180도 바꿔 당시 강대국이던 프랑스, 영국과 군사동맹을 추진했다. 스탈린의 새 외교정책과 현장 노동자들의 단결 요구 때문에 공산당은 사회민주주의에 대한 터무니없는 비협력 정책을 포기해야 했다.

그러나 공산당이 민중전선 정책으로 전환한 것은 재앙적 정책을 그저 또 다른 재앙적 정책으로 맞바꾼 것에 불과했다. 다시 말해 어리석은 종파주의에서 뻔뻔한 애국주의로 나아간 셈이었다. 공산당은 애초 사회당과 노동조합 지도자들과 연합하는 데 반대했지만, 이제는 이 협정을 확대해 급진당까지 묶자고 주장했다. 이런 "광범한 전선"을 이론적으로 정당화하려고 내세운 논리는 그것이 사회당과 공산당이 대표하는 노동계급과 급진당이 대표하는 중간계급 사이의 동맹이라는 것이었다.

공산당은 이런 광범한 동맹으로만 파시즘의 성장을 막을 수 있다고 강변했다.

프랑스 공산당이 민중전선 전략을 처음 시도한 뒤, 스탈린주의의 영향을 받던 모든 곳에서 이 전략이 빠르게 채택, 적용됐다. 그 뒤 스페인에서 벌어진 일들은 민중전선이 파시즘에 맞서는 데 도움이 되기는커녕 노동계급을 혼란에 빠뜨리고 무력하게 만들 뿐이라는 점을 보여 줬다. 던컨 핼러스가 《트로츠키의 마르크스주의》에서 이것을 다음과 같이 설명했다.

스탈린 외교정책의 보조물이 돼 버린 공산주의인터내셔널은 이제 급속히 우경화했다. 1935년에 열린 [코민테른 7차] 대회는 "평화를 지키고 전쟁 위협에 맞설 민중의 공동전선"을 촉구했다. … 또 "현 국면에서 많은 자본주의 국가들도 평화 유지에 관심이 있다. 그래서 제국주의 전쟁 위협에 맞서 노동계급과 모든 근로 민중, 세계의 모든 국민들을 아우르는 광범한 전선을 창출하는 것이 가능하다" 하고 선언했다.

"평화 유지에 관심 있는 자본주의 국가들"에는 제1차세계대전의 승전국인 프랑스와 영국 제국주의의 지배계급도 포함됐다. 그들은 스탈린이 추구한 새 노선의 대상이었다. 그런 "전선"은 필연적으로 제국주의 질서의 현상 유지를 옹호했다. 이 사실을 감추려고 개혁주의적 미사여구를 활용해야 했고, 프랑스에서 한동안 성공을 거뒀다.

1935년 7월 공산당과 사회당은 프랑스 부르주아 민주주의의 중추 구실을 하는 급진당과 협정을 맺었다. 이 세 정당은 "민중전선Front Populaire", 즉 좌파의 의석 확보 수단으로 고안된 선거 연합을 구성했다.

그러나 민중전선의 표 계산에 따르면 급진당의 표에 민중전선이 의존해야 하고 그 표를 얻으려면 급진당의 중간계급 지지자들을 언짢게 해서는 안 됐다. 그 결과 공산당이 주장해 국유화가 민중전선 강령에서 빠졌다.

프랑스 민중전선의 긍정적 측면은 그것이 단결과 철저한 변화를 바라는 노동자들의 열망을 반영하고 그런 열망을 성장의 자양분으로 삼는다는 점, 계급투쟁의 활성화에 부응하고 그것을 고무하기도 한다는 점이었다. 민중전선 성립으로 현장투쟁이 촉진됐고, 1936년 6월에 거대한 반란이 벌어지는 계기가 마련됐다. 노동자들의 염원과 민중전선 전략의 실제 목표가 서로 충돌한다는 사실은 이 격변을 겪은 뒤에야 온전히 드러났다.

민중전선 강령은 시민적 자유 보호와 파시스트 단체 해산, 노동조합 권리 보장, 임금 삭감 없는 노동시간 단축, 청년 일자리 확대, 연금과 실업급여 같은 새로운 사회보장제도 도입, 세계 평화를 요구했다. 이 강령에 공감한 50만 명이 프랑스 혁명 기념일에 민중전선 정당들과 함께 파리 도심을 행진했다.

1936년 2월 이웃 나라 스페인에서 민중전선 형태의 정부가 압도적 지지를 받으며 집권했고, 이것은 스페인 노동자와 농민이 대중투쟁을 일으키는 신호탄이 됐다. 같은 달 파리에서는 50만 명이 파시즘 반대 집회를 열고 행진을 벌였다. 메이데이에는 금속 노동자 12만 명이 일을 멈췄다. 사람들은 더 나은 미래가 펼쳐질 것이라 전망했다. 프랑스 총선이 다가오자 좌파들은 승리를 낙관했다.

좌파가 득표를 크게 늘리며 민중전선이 예상을 훌쩍 뛰어넘는 대승리를 거뒀다. 142석을 얻은 사회당이 원내 제1당이 됐고, 민중전선이 과반수 의석을 차지했다. 공산당도 전보다 두 배를 득표하고 72석을 얻었다. 첫 민중전선 정부는 급진당 대표인 달라디에가 이끌 것이라고들 예상했으나, 좌파가 다수 의석을 얻자 결국 사회당의 레옹 블룸이 새 정부를 책임졌다.

선거 결과가 발표된 5월 3일 일요일 저녁에 승리를 자축하는 시위와 행진이 프랑스 곳곳에서 벌어졌다. 압도적 승리를 만끽한 프랑스 노동계급은 장밋빛 미래를 꿈꿨다.

민중전선의 승리는 바로 2년 전에 서로 힘을 합쳐 파시스트들을 저지했던 사회당과 공산당의 승리였다. 그러나 공산당 지도자 모리스 토레즈는 다음과 같이 민족주의적 말투로 승리를 선언함으로써 스탈린주의가 어디로 향하고 있는지 잘 보여 줬다.

우리는 적들이 훔쳐 가서 짓밟아 버린 것들을 빼앗았다. 라마르세예즈와* 삼색기를 되찾았다.

사회당의 레옹 블룸 총리는 한 달 동안이나 전임 정부로부터 권력을 넘겨받지 못했고, 그가 정부 구성을 기다리는 동안 각 계급은 저마다 행동에 나섰다. 부자들은 공포에 사로잡힌 채 자본을 더 대량으로 빼돌렸고, 스페인 사례에 고무된 노동자들은 실질적 변화를 갈망하며 직접행동에 나서기 시작했다.

선거 뒤 며칠 만에 항공기 산업에서 벌어진 두 파업이 기점이었다. 두 파업 모두 근무시간에 메이데이 행진에 참가했다는 이유로 해고된 활동가들을 복직시키라고 요구했다.

이 두 파업에는 새로운 특징이 있었다. 첫째, 노동자들은 대량 실업 시대에 대처해 파업에 돌입하고 나서도 공장 안에 머무르며 공장을 통제하고 직장폐쇄를 저지했다. 둘째, 점거 투쟁은 지역 주민으로부터 물심양면으로 지원받았다. 셋째, 모든 노동자가 참가했다. 끝으로 노동자들은 며칠 만에 완전히 승리했다. 이 승리들은 뒤이은 모든 투쟁의 본보기가 됐지만 한 가지 점이 달랐다. 바로 둘 다 방어적이었다는 것인데, 이것도 곧 바뀔 참이었다.

---

* 라마르세예즈 프랑스의 국가國歌.

1930년대 프랑스에는 1920년의 이탈리아와 같은 혁명 활동의 전통이 없었다. 공장위원회 운동도, 그람시도, 〈오르디네 누오보〉 같은 노동자 신문도 없었다. 게다가 이탈리아 노동계급을 크게 고무했던 러시아 혁명은 1920년대에 고립되고 파괴됐다. 프랑스 공산당은 스탈린의 강력한 통제를 받는 관료적 정당이었다.

점거가 확산하다

그러나 프랑스 노동자들이 반격하는 데 이런 제약들이 걸림돌이 되지는 않았다. 노동자들은 통상의 파업으로는 피켓라인에서의 경찰 폭력에 대처할 수도, 해고 위협과 경제적 어려움으로 인한 직장 복귀 압력에서 벗어날 수도 없다는 점을 경험으로 알고 있었다. 그런 관점에서 보면 점거는 매우 타당했다.

공장점거 운동의 실질적 출발점은 5월 14일에 파리 변두리의 거대한 블로슈 항공기 공장에서 벌어진 점거 투쟁이었다. 노동자들은 임금 인상과 노동조건 개선을 원했다. 사측은 곧바로 손들었고, 파리의 금속 노동자들도 차례차례 비슷한 요구를 내걸고 파업을 준비했다. 바로 이때부터 운동의 성격이 공세적으로 바뀌었다.

전통적으로 5월 24일은 1871년 파리코뮌 희생자를 추모하는 시위가 있는 날이었다. 이번 참가자 수는 정말 놀라웠는데, 무려 60만 명이 파리 도심을 행진했다. 이제 노동자들은 자기의 집단적 힘을 자각하기 시작했다.

파리 금속 산업의 핵심 사업장 중 하나인 호치키스의* 노동자들은 새 정부가 노동자한테 약속한 것을 바탕으로 요구 사항을 제시했다. 노동자들은 노조 인정과 임금 대폭 인상, 유급 휴가 보장, 잔업 폐지, 파업에 대한 고소·고발 금지, 파업 기간 임금의 전액 지급을 요구하며 점거에 들어갔다. 호치키스 노동자들은 요구 사항을 모조리 따냈다.

노동자들은 새 정부 출범을 기다리지 않고도 선거 때 요구한 것을 따낼 수 있다는 사실을 재빨리 알아챘다. 5월 28일에 르노 노동자 3만 5000명이 점거에 들어갔고, 이 점거는 파리의 다른 모든 금속 사업장에게 뒤따르라고 보내는 신호와 같았다.

5월 29일에 〈뤼마니테〉는 10만 명이 파업 중이고 대부분 점거에 들어갔다고 보도했다. 투쟁은 금속 산업 바깥으로 퍼져 파리 세계박람회 현장에서 일하던 건설 노동자들도 파업에 나섰다. 6월 1일에는 점거가 파리 곳곳의 소규모 공장으로도 확산했다.

• **호치키스** 군수 공장.

그 뒤 파업은 화학, 정유, 섬유, 운수, 식품, 탄광, 조선, 인쇄, 가구 부문 전체로 빠르게 퍼졌다. 리옹, 릴, 비에르종, 루앙, 브리브, 니스, 툴루즈, 마르세유 지역까지 운동이 번졌다.

6월 4일에는 신문 보급소와 식당, 호텔, 자물쇠 가게, 보석상, 옷 가게, 주유소, 공사 현장, 농촌에서 일하는 노동자들이 파업과 점거에 나섰다. 노조로 조직돼 있지 않던 노동자들도 자기 사업장을 점거했다. 파업이 확산하자 일반 대중도 더 많이 파업에 동참했다. 가게 직원들이 파업을 벌이며 박봉에 시달리는 현실을 널리 알리자 대중의 공감대가 커졌다.

14일 만에 운동은 세계 역사상 가장 큰 파업으로 발전했다. 알렉산더 워스는* 1936년 6월에 파리 근교에서 본 놀라운 광경을 이렇게 전했다. "건물과 공장마다, 심지어 비교적 작은 작업장에도 정문 앞에 붉은 깃발과 삼색기가 나부꼈고 파업 노동자들이 지키고 서 있었다."

6월 4일 블룸은 마침내 자신의 정부를 구성했다. 그날 대통령 르브룅은 블룸을 몰래 만나 파업 노동자들에게 다음과 같이 호소해 달라고 간청했다.

노동자들한테 의회가 곧 소집될 것이고, 개회하자마자 블룸 당신

---

* 알렉산더 워스 영국의 종군기자.

이 나서서 사회법들을 지체 없이 통과시키겠다고 말해 주십시오. … 노동자들은 당신을 믿을 것이고, 아마도 파업 운동은 멈출 것입니다.

바로 다음 날 블룸이 그런 내용으로 방송을 했지만 운동은 멈추지 않았다.

오히려 점거가 프랑스 전역으로 번졌고, 노조가 거의 없는 지역까지 퍼졌다. 파리의 백화점들이 점거 됐고, 촬영소에서 극장까지 영화 산업 전반에 걸쳐 파업이 벌어졌다. 영화 산업 노동자들은 파업 노동자들이 즐길 영화를 틀었다. 당시 만들어진 장 르누아르 감독의 훌륭한 영화 〈랑주 씨의 범죄〉에서는 파리의 노동자들이 사업장을 접수하고 고용주를 몰아낸 뒤 협동조합을 운영하는 장면을 그렸다.

급진당 당원인 한 민중전선 지지자가 당 모임에서 다음과 같이 불만을 터뜨렸다.

공장, 상점, 농장 점거는 민중전선 강령에 없었습니다. 점거는 불법일 뿐만 아니라, 기업주에게 모욕감을 주므로 더욱 나쁩니다. 점거는 끝나야 합니다.

투쟁이 최고조에 올랐을 때 200만 명이 1만 2000개 사업장에서 파업을 벌였고, 그 가운데 4분의 3이 점거됐다. 노동자들이 일터를 통제했고, 사장들이 사업장을 되찾으려면 대대적 양보를 해야 했다.

마티뇽 협정

6월 8일 블룸 총리의 중재로 정부, 노조 지도자, 기업주 사이에 1차 마티뇽 협정이 체결됐다. 기업주들은 협정을 전폭 수락했다. 마티뇽 협정으로 합의된 것은 노조 인정과 단체교섭, 최하층 노동자가 최대 혜택을 받도록 차등을 둔 7~12퍼센트 임금 인상, 최저임금, 유급휴가, 주 40시간 노동, 합의 내용 입법화, 보복 금지였다.

대중운동은 의회를 우회해 아래로부터 민중전선 강령을 철저히 실행했다. 블룸이 총리로 취임한 지 4일 만의 일이었다. 노동자들은 엄청난 성과를 거뒀지만 더 많은 것을 원했고, 노조 지도자들은 점거를 끝내자고 노동자를 설득하는 데 큰 애를 먹었다.

그동안 운동은 계속해서 확대됐다. 마티뇽 협정은 반란을 잠재우기는커녕 전통적 미조직 노동자들까지 운동에 참여하도록 자극했다. 식당 웨이터도 파업했고, 호텔은 문을 닫았다.

농촌에서는 농업 노동자 수천 명이 파업을 벌이고 농장을 점거했다. 투쟁은 북아프리카로도 퍼졌다. 실업자 수천 명이 실업기금 설립과 실업급여 인상을 요구하며 급여 지급처를 점거하고 시청을 습격했다.

사태는 혁명을 향해 나아갔다. 파리에서는 전투적인 호치키스 공장 노동자들의 주도로 점거 중인 33곳의 공장 대표들이 모여 공동투쟁위원회를 만들었는데, 바로 노동자평의회의 초기 형태라 할 만했다. 그래서 2차 마티뇽 협상이 6월 10일에 서둘러 열렸다. 노조 지도자들은 노동자들의 압력을 받아 이전 협상에서 합의한 임금 인상분에 현장에서 이미 쟁취한 성과를 더해 재협상해야 했다. 파리의 잘 조직된 공장들은 모든 요구 사항이 완전히 관철될 때까지 점거를 계속하겠다고 결의했다.

이 시점까지 공산당은 파업과 점거를 독려했다. 매우 많은 평당원 활동가들이 파업과 점거를 앞장서 이끌었다. 그러나 정부가 강경한 발언을 쏟아내자 공산당은 방향을 틀었다. 투쟁을 지속하는 것은 혁명으로 나아간다는 뜻이었다. 6월 12일에 정부는 트로츠키주의 신문 〈뤼트 우브리에르〉(노동자 투쟁)를 전량 압수했다. 〈뤼트 우브리에르〉가 노동자 권력을 촉구했기 때문이었다.

"공산당은 질서를 뜻한다"

그날 공산당 지도자 모리스 토레즈가 다음과 같은 성명을 발표했다.

우파의 준동이 커지는 것을 고려할 때 이런 투쟁 방식을 더는 사용하지 않는 게 낫겠다. 반동적 운동이 성장해 평범한 사람들 사이에 혼란과 불안감을 퍼뜨릴 경우 … 우리는 파업을 끝낼 줄도 알아야 한다.

6월 14일에 〈뤼마니테〉는 이렇게 선언했다. "공산당은 질서를 뜻한다." 이때부터 공산당 지도부가 나서서 노동자들을 작업에 복귀시켰다. 공산당 지도부의 주장은 이랬다. 권력 장악은 불가능하다. 혁명적 상황이 무르익지 않았고, 파업을 이어가면 농민과 중간계급으로부터 고립될 위험이 있다. 이런 고립은 민중전선을 무너뜨리고 나치에게 문을 활짝 열어 줄 것이다.

스탈린은 프랑스와 **동맹**을 맺고 싶었지 프랑스 **혁명**을 바라지는 않았다. 그래서 프랑스 공산당은 온 힘을 다해 파업과 점거를 끝내려 했고, 민중전선 정부와 소련의 이익을 지키려고 노동계급 운동을 희생양 삼았다. 이 전략은 재앙이었고 프랑스와 스페인 좌파의 운명을 결정했다.

파리의 금속 부문이 가장 먼저 협상을 타결하고 대거 작업에 복귀했다. 기업주들은 큰 폭의 추가 양보와 특히 저임금 노동자들의 처우 개선을 약속했다. 공산당이 현장에서 행사한 영향력 때문에 공장 대표들은 거의 만장일치로 합의안을 수용했다. 다른 부문에서도 하나하나씩 타결을 봤고 노동자들이 복귀했다. 산발적으로 파업과 점거가 이어졌지만, 거대한 운동은 사실상 끝났다.

프랑스 혁명 기념일에 민중전선이 100만 명 규모로 시위를 벌여 승리를 자축했지만, 투쟁은 진작에 끝난 상황이었다. 그해 여름 노동자들과 가족들은 해변과 시골로 몰려가 난생 처음 바캉스를 즐기며 6월의 기쁨과 열광을 잠시나마 다시 만끽했다.

점거 투쟁이 끝나자 민중전선 자체도 얼마 가지 못했다. 1937년 5월 레옹 블룸 대신 더 우파적인 인사로 총리가 바뀌었고, 1938년에는 민중전선 정부가 붕괴했다. 우파가 다시 정권을 장악해 노동자들이 쟁취한 성과를 모조리 쓸어버리려 들었다.

1938년 11월 급진당 주도의 우파 연립정부는 1936년에 따낸 주 40시간 노동제를 폐기했다. 노총은 파업을 선언했지만, 시위도 못 하게 하고 제대로 힘을 발휘하는 것도 가로막았다. 이렇게 성의 없고 수동적인 지도부 탓에 파업은 뒤죽박죽 불균등했고, 결국 노총은 별 성과 없이 파업을 철회했다. 르노에서는 패배한 노동자들이 파시스트 경찰들의 손에 공장 밖으로 줄지어 끌려 나와 모욕을 당했다. 경찰들은 노동자들을 양옆에서 에워싸고서 곤봉으로 내려치며 "한 대는 블룸 몫이고, 이 한 대는 탱보* 몫이고, 또 한 대는 주오** 몫이다"라고 이죽거렸다.

온건화와 애국주의도 공산당에게는 아무런 도움이 되지 않았다. 1939년에 의회는 공산당 불법화를 의결하고 공산당 의원들을 제명했다. 9개월 뒤 의회는 육군 원수 페탱에게 독재권을 부여했다. 페탱은 파시스트들과 함께 정부를 구성하고 독일 나치와 협력했다. 최근에 나온 프랑스 영화 〈아미 오브 크라임〉은 그 끔찍한 결과를 꼼꼼하게 그렸다.

억압받는 사람들의 축제

자크 다노와 마르셀 지블랭은 1936년 6월 운동을 다음과 같이 적절히 묘사했다. "억압받는 사람들의 거대한 축제였고, 프랑스 사회를 밑바닥부터 흔들어 놨다."

이들은 운동이 거둔 어마어마한 진보를 강조하고서 운동이

• 장피에르 탱보 공산당 소속의 금속노조 사무총장.

•• 레옹 주오 노총 사무총장.

권력을 잡는 데까지 나아갈 수 있었고, 또 그랬어야 했다며 다음과 같이 주장했다.

당시에 이룬 사회적 진보를 과소평가해서는 안 된다. 프랑스 노동계급은 역사상 그와 같은 개혁을 쟁취한 적이 없었다. 또 그것은 기업주들로부터 투쟁으로 쟁취한 성과였기 때문에 운동이 사그라든 뒤에도 일부는 매우 견고히 남았다.

그러나 1936년 6월 운동에 대규모 산업 투쟁을 넘어선 의의가 있었던 것은 아닌지, 특히 그것이 훨씬 더 크고 직접적인 영향을 미칠 수는 없었는지 묻지 않을 수 없다.

우리는 1936년 6월 운동이 세계 노동계급의 후퇴 와중에 일어났다는 것을 기억해야 한다. 프랑스의 투쟁은 마치 [아군의 퇴각을 돕는] 지연작전처럼 보였다. 그러나 그것이 반격의 시발점이자 전 세계에서 노동계급 운동이 새롭게 고양되는 출발점이 될 수는 없었을까?

당시의 파업 운동은 프랑스에서 혁명적 조건을 창출했다. … 만약 노동자 투쟁이 정말로 자본주의 국가를 분쇄하는 데 성공했다면, 역사의 향방은 완전히 바뀌었을지도 모를 일이다.

두 가지 중요한 요소가 빠져 있었다. 우선, 노동자평의회 같은 조직이 없어서 낱낱의 투쟁을 연결해 국가와 거대 자본의 권력에 도전할 수 없었다. 그때 누군가 그런 조직을 만들고자

했다면 노동자들은 열광적으로 지지했을 것이다. 그러나 아무도 그런 호소를 하지 않았다.

노동자평의회의 초기 형태는 호치키스 노동자들의 주도로 이미 출현한 상황이었다. 33개 공장의 대표가 모인 지역파업위원회가 바로 그것이었다. 만일 점거가 더 오래 지속됐거나, 마티뇽 협정을 검토하려고 모인 노동자 대표들이 더 대담하고 단호하게 공산당의 노선에 반대했다면, 이 시도는 확대될 수 있었다.

다른 하나, 혁명적 정치조직도 없었다. 아래로부터 벌어진 거대한 운동에서는 언제나 정치적으로 각성한 투사들이 투쟁의 성패를 결정하는 핵심 구실을 했다. 1936년은 그야말로 거대한 운동이었고, 수많은 투사들이 대중파업과 점거를 더욱 밀어붙여서 프랑스 자본주의에 정면으로 맞서려 했다. 그런 방향으로 움직인 사람이 수천 명은 됐다.

그러나 그 최상의 투사들을 하나로 결속하고 노조와 공산당 지도부의 영향력에 맞서도록 훈련할 정치조직이 존재하지 않았다. 노조와 공산당 지도부는 투쟁의 기세를 꺾고 '정상 상태'로 복구하려고 노동자들에게 신중함과 온건함, 민족주의를 부추기고 있었다.

불행히도 트로츠키주의자들은 민중전선 정치가 배신을 낳을 것임을 이해하고 반대했지만 수가 너무 적고 고립돼 실질적 영향을 미칠 수 없었다.

chapter 6
1934~1938년 미국: 노동계급의 거대한 전진

미국의 노조가 약한 이유는 미국 노동자들이 '예외적'이기 때문이 아니라 미국 자본가계급이 '예외적'인 탓이었다. … 미국의 기업주들은 다른 OECD 국가와는 견줄 수 없을 정도로 매우 격렬하게 노동조합을 공격했다. … 미국 노동자는 노조 결성을 위해 투쟁하려면 영국 노동자보다 훨씬 큰 결심을 해야 했고, 흔히 엄청난 분노와 의지가 필요했다. 일단 결정을 내리면 미국의 노동자들은 그만큼 더 열심히 싸웠다.

존 뉴싱어, "1934년, 반격의 해", 《인터내셔널 소셜리즘》 122호

1937년 미국 플린트 점거파업. 44일간 지엠 노동자 14만 명이 참가해 무소불위의 권력을 자랑하던 거대 기업 지엠을 굴복시켰다.

1934년 미국에서 노동자 투쟁이 폭발해 제1차세계대전 직후 미국을 뒤흔든 거대한 투쟁 이래 사라졌던 투쟁성이 되살아났다. 1934~1937년에 미국의 노동자들은 역사상 가장 큰 파업 운동을 일으키고, 점거파업을 핵심 무기로 삼아 노조를 만들고 확대했다.

깊은 울분과 새로운 자신감이 맞물려 노동계급 역사에서 가장 극적인 변화가 나타났다. 노조원 수가 1933년보다 500만 명이 늘어 1937년에 700만 명을 넘어섰다.

그 직전 상황은 완전히 달랐다. 제1차세계대전 직후 벌어진 거대한 투쟁이 패배한 뒤, 자본가들은 미국의 노동조합운동을 박살 내기로 결심했다. 존 뉴싱어는 그 상황을 두고 다음과 같이 썼다.

노조를 억누르는 데 성공하자 기업주들은 이른바 '조직 노동자 섬멸전'을 준비했다. 노조를 완전히 깨부수려고 오픈숍* 운동이 전국에서 펼쳐졌다. … 노조 조직자 파니 셀린스의 사례는 탄압이 어떤 구실을 했는지 잘 보여 준다. … 셀린스는 펜실베이니아 서부의 앨러게니 탄광에서 피케팅을 하던 도중 무자비한 회사 경비원의 총에 맞아 숨졌다. 심지어 쓰러진 채 죽어 가던 중에도 곤봉에 맞아 머리뼈가 산산조각이 났다. 그런데도 검시 배심관은 셀린스 살해가 "정당방위"라고 평결하고는 도리어 "아나키즘과 볼셰비즘"을 비난했다.

조직 노동자의 패배는 이루 다 말할 수 없을 정도였다. "광란의 1920년대" 내내 대기업들은 마음껏 공격을 해 대고, 새로운 대량생산 기술과 엄격한 노무관리 방식을 채용해 노동강도를 높였다. 미조직 노동자들은 하루 12시간 노동에 시달렸고 아무런 권리도 없었으며 사용자 마음대로 해고될 수 있었다. 찰리 채플린은 영화 〈모던 타임스〉에서 이런 노동조건과 그것이 노동자들의 혼을 어떻게 쏙 빼 놓는지를 잘 들춰 냈다.

---

* **오픈숍** 회사가 조합원과 비조합원 구분 없이 노동자를 고용할 수 있는 제도인데, 1920년대 미국에서 노조원 고용을 배제해 노조를 약화시키는 술책으로 쓰였다.

1929년 세계 대공황 직전에 미국 노총AFL 소속의 노조로 조직된 노동자는 겨우 300만 명이었다. 노총은 완전히 숙련 노동자로만 구성돼 있었는데, 미숙련 노동자는 '조직 불가능'하다며 노총 지도자들이 도외시한 탓이었다.

여성·이주민·흑인 노동자 등 최저임금을 받는 노동자들은 대부분 배제됐다. 이는 곧 미국 자본주의에서 급성장한 부문, 이를테면 고무·철강·자동차 산업이 여전히 미조직 상태였다는 뜻이다.

미국 자본주의는 1929년 주가 대폭락으로 엄청난 타격을 입어 산업 생산량이 46퍼센트나 줄었다. 3년 뒤에도 생산은 계속 감소했다.

노동자에게 대공황은 그야말로 재앙이었다. 1929년에 150만 명이었던 실업자 수가 1932년 말에는 1700만 명으로 늘었다. 당시 전체 노동자의 4분의 1이 실업 상태였고, 또 비슷한 수가 시간제로 일했다.

1931년에 기업주들은 임금을 전면 삭감했다. 1933년에는 전체 기업의 약 87퍼센트가 적어도 한 번 이상 임금을 낮췄고 일부 기업은 여러 차례 깎기도 했는데, 그해에만 평균적으로 임금의 18퍼센트가 삭감됐다.

은행들이 망하고 작은 농장들이 압류되면서 농업 노동자 30만 명이 서부의 '약속의 땅' 캘리포니아로 이주할 수밖에 없었다. 포크송 가수이자 노동조합 조직자였던 우디 거스리는 〈더스트볼* 발라드〉란 앨범에서 이주자들의 가난과 산산조각 난 꿈을 씁쓸한 해학으로 풀어냈다.

캘리포니아는 에덴동산이니, 살기 좋고 경치 좋은 낙원이라 하지.
한데 믿거나 말거나, 땡전 한 푼 없는 사람에겐 그저 그런 곳일 뿐이라네.

50만 명이 떠돌이 노동자가 돼 일거리를 찾아 정처 없이 길거리에 나서거나 기차 화물칸에 몸을 실었다. 그러나 노총 지도부는 가난하고 짓눌린 사람들의 처지에 별 관심이 없었다. 1932년에 노총 지도자들은 심지어 연방 실업수당 도입에도 반대했다. 노총 관료들의 안일한 태도는 노총 본부 정문 위에 걸린 다음의 표어가 잘 보여 줬다. "내일이 또 있으니, 너무 낙심하지 맙시다." 노조원들이 1주일에 7000명씩 떨어져 나간 것도 놀라운 일이 아니었다.

기아 행진과 실업자 시위가 벌어졌지만 대개 잔인하게 진압당했다. 정부와 기업주들은 가난한 사람들을 학대하는 데 거

• **더스트볼** 미국의 중서부 건조 지대로 1930년대에 극심한 가뭄과 모래 폭풍으로 민중들이 고초를 겪었다.

리낌이 없었다. 1932년 리버루지에서 일어난 실업자 시위에 기관총이 난사돼 시위자 4명이 살해됐다. 워싱턴에서는 일자리를 잃은 참전 용사들이 벌인 시위가 미군 기병대에 짓밟혔다.

경제 대폭락 3년 뒤인 1932년 11월 대선은 분노와 절망으로 가득 찬 분위기 속에 치러졌다. 허버트 후버가 이끈 공화당 정권은 끝장났다. 민주당의 프랭클린 루스벨트가 압도적 차이로 대통령에 당선해 1933년 3월 집권했다. 루스벨트는 노동조합의 친구로 그려졌는데, 이것은 오늘날까지도 계속되는 한 편의 신화다.

루스벨트의 뉴딜과 전국산업부흥법

'뉴딜'을 공약으로 내세워 당선했지만, 루스벨트가 취한 조치들은 경제 위기의 정도에 견줘 매우 온건했고 그런 조치로는 자본주의 안정화에도 별다른 효과를 내지 못했다. 뉴딜과 특히 전국산업부흥법은 대체로 기업주의 요구를 수용했고, 사실 노동자의 권리와 생활수준을 지키기보다 파업을 막는 데 초점을 둔 것이었다.

루스벨트의 정책은 미국 자본주의를 구하려는 계획의 일환이었다. 루스벨트는 스스로를 가리켜 "이윤 체제의 둘도 없는

친구"라고 말했다. 그러나 전국산업부흥법은 의도치 않은 결과를 낳았다. 전국산업부흥법에는 노조 결성과 단체교섭의 권리를 인정하는 조항이 포함돼 노동자들이 기대감에 부풀었다. 노동자들은 루스벨트와 전국산업부흥법이 자신을 지켜 줄 것이라 믿고 노조로 모여들었다.

이런 친노조 조처들은 제약이 많았고, 그저 온건한 노조 지도자들을 포섭해 노동계급의 표를 얻고 아래로부터 커지던 불만을 억누르려고 도입됐을 뿐이다. 그렇지만 미국의 노동계급은 뉴딜 시대 동안 자신감을 키우고, 제한적 친노조 법들을 잘 활용해 투쟁을 조직했다.

그것은 결코 쉬운 일이 아니었다. 이미 10년 넘게 노조들이 후퇴했고, 지배계급의 탄압은 극심했다. 자유기업 체제란 기업이 지역의 사법, 치안, 언론을 장악하고, 공장 주변에 기업도시를 만들어 소유한다는 뜻이었다. 사설탐정 사무소가 230곳이나 활개 치며 노조를 염탐하고 용역 깡패와 구사대를 제공했다. 미국의 산업 현장에는 최소 4만 명의 회사 끄나풀이 몰래 활동 중이었다.

이런 상황에서도 전국산업부흥법 덕택에 노동자들이 더 적극적으로 노조 조직화에 나섰고, 투쟁의 중심도 실업자 시위에서 파업으로 바뀌었다. 1933년에 첫 파업 운동이 벌어져 1920년대 초 이래 가장 큰 규모로 발전했다.

그러나 노조 간부들에게는 투쟁의 불길을 꺼뜨릴 능력이 있었다. 루스벨트는 그런 약점을 알아채고 주 방위군을 투입해 파업을 깨뜨렸다. 뉴딜 첫 6개월 동안 파업 노동자 15명이 살해되고 200명이 부상당했으며 수백 명이 체포됐다.

미국 공산당의 산업 투쟁 전략

분노와 고통이 커지자 좌파도 성장하기 시작했는데, 특히 미국 공산당CP이 두드러졌다. 공산당 당원은 1930~1934년에 7000명에서 2만 8000명으로 늘어났다. 미국 공산당은 모순적이었다. 공산당은 가장 계급의식이 높은 노동자들을 끌어들이고 파업을 이끌었지만, 동시에 스탈린의 소련에 충성을 다했고 소련 외교정책의 온갖 변덕과 좌충우돌에 복종했다. 1934년에 당 지도부는 초좌파적 종파주의에서 노골적 애국주의로 갑자기 방향을 틀었다.

공산당의 정치는 문제가 있었지만, 당원들은 앞으로 닥칠 커다란 싸움을 주도적으로 준비하고 그중 일부를 이끌 수 있었다. 지엠GM 노동자 출신의 미국 노동사가인 로저 키런은《공산당과 자동차노조》에서 공산당이 이 시기에 당원들을 훈련하고 산업 현장, 특히 자동차 대공장에 뿌리내리려고 얼마나 진지하고 효과적인 활동을 벌였는지 다음과 같이 잘 설명했다.

1931년에 공산당은 가장 중요한 산업들에 당 활동을 집중하는 정책을 폈다. … 대량 실업으로 당의 현장 세포가 많이 무너져 당원 1만 4000명 가운데 대공장에서 일하는 당원은 겨우 1퍼센트 미만이었다. 대공장 집중 전략은 이런 고립을 이겨 내려고 고안됐다. 클리블랜드의 공산당은 피셔바디 공장을 골랐고, 디트로이트의 공산당은 가장 악명 높은 자동차 공장인 포드와 브리그스 두 곳을 선택했다. 미시간 주의 공산당은 자동차 노동자들한테 플린트의 공산당 지부들을 맡겼다. … 1932년에 생산이 조금 나아진 덕분에 공산당은 이 공장들에서 조직 활동을 재개할 수 있었다. 현장에서 활동하는 공산당원이 늘자 신문도 그만큼 다양하게 나왔다. 1935년에 자동차 현장 신문이 14종이나 발행됐고, 1935년 5월부터 1936년 1월까지 미시간 주의 12개 현장 분회에서 신문을 22차례나 찍어 냈다.

현장 분회는 보통 노동자 700명 규모의 부서당 10명 정도로 구성됐다. 현장 분회는 1주일에 한두 번 모임을 가졌다. … 공산당원이던 디트로이트의 한 자동차 노동자는 이렇게 말했다. "모임에서 우리는 지난주 활동과 만난 지인들, 겪은 일, 성공과 실수를 놓고 토론했습니다. 또 다른 노동자들에게 어떻게 다가갈 것이고, 다음 주에 뭘 할지도 토론했습니다." 현장 분회는 해당 부서의 전체 노동자 명단을 만들었고, 누구에게 가입을 권할지 결정했으며, 누구한테 〈데일리 워커〉와* 소책자를 판매할지도 정했다.

이런 현장 세포들은 당원 모집 외에도 현장위원회나 단위 노조 기구를 세우는 데 힘썼고, 현장의 불만을 둘러싼 투쟁에 노동자를 참여시키려고 애썼다. 현장 분회들은 비록 조그마했지만 왕성한 선동 활동을 벌였다. 자동차 공장에서 일하지 않는 지역 당원들과도 매주 모임을 갖고 공장 정문에서 전단을 뿌렸다. 회사의 염탐 행위 때문에 공산당의 현장 활동은 항상 큰 방해를 받았다.

1933년의 브리그스 파업은 노조 인정 전에 벌어진 자동차 노동자 투쟁에서 가장 중요한 사례였다. 파업 당시 대공황이라는 객관적 조건과 공산당과 여러 사회주의자들의 주관적 실천이 결합해 노조 가입 분위기가 크게 형성됐다. 뉴딜이 법제화되기도, 노총 조직자가 개입하기도 전의 일이었다. 또 이 파업은 불황 한가운데서도 노동자들이 커다란 양보를 따낼 수 있다는 점을 보여 줬다. 몇몇 사회주의자들은 공산당이 실업자를 피켓라인에 동참시키고 흑인과 백인 노동자가 단결해야 한다고 주장한 것을 문제 삼았다. 공산당의 두드러진 구실에 비해 자동차 노동자들은 소수만 공산당에 입당했다. 그러나 전체적으로 보면 공산당은 1920년 이래 가장 많은 사람을 가입시켰다.

• 〈데일리 워커〉 미국 공산당의 기관지.

결국 브리그스 파업에서 주목해야 할 것은 공산당이 당과 노조에 항구적 성과를 남기지 못했다는 점이 아니라, 일단 파업이 벌어졌고, 공산당이 그 파업을 이끌었으며, 파업으로 노조 조직화를 완수할 발판이 마련됐다는 사실이었다.

1934년 초에 미국 경제가 잠시 살아나고 실업이 소폭 줄어들자 정세가 바뀌기 시작했다. 해고를 당하거나 블랙리스트에 오를 위험이 줄어든 덕에 노동자들은 좀 더 투쟁에 나설 자신감이 붙었고 노조에 더 많이 가입했다.

그해에 비록 섬유 노동자들의 파업은 패배했지만, 미니애폴리스의 팀스터스와* 털리도의 오토라이트 공장 노동자들, 서부 해안의 항만 노동자들이 벌인 다른 세 주요 파업은 모두 놀라운 승리를 거뒀다. 1934년 봄에서 여름 사이에 거의 동시에 벌어진 이 싸움들에서 승리하자 형세가 노동자에게 유리해졌고, 사회주의자들의 명성이 올라갔다.

이 파업들은 다 비공인·불법 파업이었고, 노총 지도자들은 별 힘을 쓰지 못했다. 이전과 달리 이 파업들은 사회주의자들이 오랫동안 끈기 있게 벌여 온 활동의 결과물이었다. 사회주의자들은 미리부터 투쟁 기반을 닦고 운동을 이끌고 있었다.

• **팀스터스** 미국의 화물 트럭 기사 노조. 팀스터는 트럭 기사를 뜻한다.

이 파업들은 사측이 아무리 잘 무장돼 있고 자금이 넉넉하더라도, 또 노조 지도자들이 아무리 원칙 없고 부패했을지라도 노동계급은 강력한 투쟁을 벌여 승리할 수 있다는 것을 보여 줬다. 새로운 자신감이 고통과 맞물리면서 노동계급의 연대와 저항이 1919년 이래 유례없는 수준으로 발전했다.

팀스터 반란

미니애폴리스에서 한 작은 트로츠키주의 단체가 오랫동안 화물 트럭 기사들의 노조를 조직해 왔다. 1934년 초에 이 단체는 석탄 야적장 노동자 70명이 벌인 소규모 파업을 승리로 이끌었다. 그러자 노조가 본격적으로 건설됐다.

패럴 돕스는 《팀스터 반란》에서 그 역사를 들려준다. 이 책은 사회주의 활동가들의 길잡이로서 더없이 뛰어나다. 돕스는 뚜렷한 정치사상이 없는 젊은 노동자였다. 이 젊은 노동자는 판사가 돼 더 정의로운 세상을 만들겠다는 포부를 품고 있었다. 그러나 대공황과 함께 삶이 송두리째 바뀌었다. 어린 자녀가 딸린 채로 실업자 신세가 된 돕스는 미니애폴리스의 석탄 회사에 일자리를 얻었다.

돕스가 일을 시작한 뒤 곧바로 조업단축과 정리해고 사태가 벌어졌고 이 젊은 가장은 노동계급 역사의 위대한 투쟁 가운데 하나에 휘말렸다. 바로 1934년 2월부터 8월까지 잇달아 일어난 파업인데, 집단 피케팅과 가족대책위 활동이 벌어지고, 계엄령이 발동돼 파업 노동자 2명이 살해되기도 했다.

투쟁 과정에서 노동자들의 의식이 변했다. 돕스 자신도 첫 파업을 겪고 나서 사회주의자가 됐고, 최상의 노동계급 투사 일부가 본거지로 삼은 공산주의동맹에 가입했다. 공산주의동맹 회원들은 더 세력이 큰 스탈린주의 공산당이 아니라 트로츠키주의에 기대를 걸었다. 공산주의동맹 미니애폴리스 지부는 돕스에게 계급투쟁의 정치와 전략, 전술을 가르쳤다.

이런 결합 덕에 노동자들은 잔인한 국가 탄압과 노조 지도자들의 배신을 극복하고 투쟁을 승리로 이끌 수 있었다. 팀스터 반란은 총파업으로 발전해 도시 전체에 영향을 미쳤다. 미니애폴리스에 이중권력 상황이 벌어져 노동자들이 식량을 분배하고, 자체의 치안대와 의료 지원반을 창설했다.

파업 노동자 수천 명이 경찰과 격전을 치른 뒤, 미국 전역의 극장에서 이 투쟁 장면이 상영돼 관객들이 열광했고, 국제적으로도 이름을 날렸다.

투쟁이 승리한 뒤 노동조합운동이 도시 전체로 확대됐다. 미니애폴리스 파업은 계급투쟁의 전환점이었으며 노동자들이 어떻게 보수적 지도자들을 뛰어넘을 수 있는지, 사회주의 투사들의 구심이 이 과정에서 얼마나 중요한지를 보여 줬다.

털리도의 오토라이트 파업

오하이오 주의 털리도에서도 비슷한 상황이 벌어졌다. 극좌파인 미국노동자당* 지지자들이 실업자 시위를 조직하고 털리도의 자동차 노동자들 주변에서 조직 활동을 벌였다. 노동자당은 파업 이전에 이미 털리도에 작지만 결정적 영향을 미칠 기반을 닦아 놓았다.

1934년 2월 노총 오토라이트 지부의 조합원들이 노조를 인정받으려고 처음 파업을 벌였을 때, 노총 위원장은 노동자들한테 일터로 돌아가라고 명령했다. 6주 뒤 4000명이 다시 파업에 들어갔다. 그러나 이번 파업에 참여한 노동자는 전체 직원의 절반도 안 됐고, 설상가상으로 노총 지도자들은 피켓라인에 배치하는 노동자를 25명으로 제한하라는 법원의 가처분 명령을 받아들이고 말았다.

아무도 이 파업이 승리로 끝날 것이라고 예상하지 못했지

---

* 미국노동자당 급진주의자이자 목사였던 A J 머스티가 만든 좌파 정당. 팀스터스와 오토라이트 파업 승리 이후 트로츠키주의 단체인 공산주의동맹과 통합했다.

만, 노동자당은 노동자와 실업자를 공동 투쟁 속에 단결시키는 지역 연대 운동을 건설했다. 이것이 결정적으로 중요했는데, 털리도 노동자의 3분의 1 이상이 실직 상태였고 사측이 이 실업자들로 대체 인력을 모집할 계획을 했기 때문이다.

실업자들이 오히려 파업 승리의 열쇠가 됐다. 노동자당이 지역의 실업자연맹에 영향력이 있었기 때문에 파업 노동자들은 수천 명의 실업자에게 자기 일자리를 뺏지 말고 파업이 승리하는 데 도움을 달라고 설득할 수 있었다.

실업자와 파업 노동자의 단결은 미국노동자당 혁명가들에게 가장 중요한 원칙이었다. 이 원칙을 지킨 혁명가들은 오토라이트 공장 정문 앞에 첫날 1000명, 다음 날 4000명, 셋째 날엔 6000명의 실업자를 모았다.[3]

몇 주가 지나도록 파업 대오가 흔들리지 않자 구사대와 주 방위군이 피켓라인을 공격했다. 1만 명이 법원의 금지 명령을 거역하고 피케팅에 참가했고, 타이어 튜브로 만든 거대한 새총으로 공장 안 구사대에게 짱돌을 퍼부었다. 15시간에 걸친 싸움 끝에 주 방위군은 공장 안에 갇힌 구사대를 구출해 냈다. 이날 군대의 발포로 파업 노동자 2명이 죽고 수십 명이 다쳤다.

그러나 노동자들은 물러서지 않았다. 노동자들은 주 방위군과 6일 동안 맞붙었고, 마침내 5월 31일 사측이 구사대의 공장 진입을 포기하고 군대도 철수했다. 이튿날 노동자와 실업자 4만 명이 지방법원 앞에서 체포된 노동자 200명을 석방하라며 시위를 벌였다. 털리도의 거의 모든 노조들이 연대 총파업을 다짐했다. 6월 4일에 회사가 물러서서 노조를 인정하고, 파업 노동자를 모두 재고용하기로 약속했다.

샌프란시스코 총파업

1932년에 샌프란시스코 부두에서 일하던 공산당 주변의 노동자들이 현장 신문 〈워터프런트 워커〉를 창간했다. 출발은 미약했지만 작은 투쟁에서 잇달아 승리한 뒤 노동자들은 1934년에 서부 해안 항만 노동자들의 전면파업을 조직할 수 있었다.

털리도와 미니애폴리스에서처럼 항만 노동자들도 1934년 5월에 노조 지도부를 거슬러 파업을 벌였다. 이틀 만에 샌디에이고에서 시애틀까지 항만 노동자 2만 명이 파업에 나섰다. 노동자들은 클로즈드숍* 보장과 주 44시간에서 주 30시간으로 노동시간 단축, 노조의 일자리 배정 권한을 요구했다. 노동자

---

* **클로즈드숍** 노조 가입자만 채용하는 제도로 노조에 상대적으로 유리하다.

들은 작업반장이 그날그날 일할 사람을 제멋대로 고르고, 일자리를 얻으려고 관리자에게 뇌물을 바쳐야 하는 부패 구조를 뒤집어엎으려 했다.

노조원들은 공산당원 해리 브리지스를 파업위원회 위원장으로 선출했다. 1주일도 안 돼 팀스터스 노조가 항만 화물의 운송을 거부했고, 서부 해안 곳곳의 해운 노동자 2만 5000명이 연대파업을 벌였다. 그사이 노총 위원장은 파업 노동자들을 "공산주의자"라며 맹비난했다.

파업이 두 달 넘게 지속되자 샌프란시스코 재계가 경찰에게 항구를 개방하라고 요구했다. 시 당국은 모든 경찰력을 투입해 진압에 나섰고, 군중에게 발포까지 했다. 이 일로 훗날 "피의 목요일"로 알려진 싸움이 하루 종일 벌어졌다. 노동자 4명이 죽고 수백 명 넘게 부상을 입었다. 파업위원회는 다른 노조들로 파업을 확산시켰고, 이 총파업으로 1주일 동안 도시가 마비됐다.

경찰과 주 방위군, 자경단이* 합세해 파업 노동자들을 매섭게 탄압하고, 공산당과 사회주의 단체들의 사무실을 습격했다. 비록 노총 지도부가 배신했지만 파업 노동자들은 결국 노

---

* 자경단 대개 한 지역의 주민이 범죄나 재난에 대비하고 그 지역의 치안을 지키기 위해 스스로 조직한 방범 단체를 뜻하지만, 미국에서는 노동자 파업 시 용역 깡패 구실을 했다.

조를 인정받고 부분적 승리를 거뒀다. 당시 상황에서는 놀라운 일이었다.

이 세 반란은 모두 노동자의 힘을 보여 준 대단히 훌륭한 사례였다. 과거 노조로 조직되지 않았던 노동자들이 커다란 투지와 용기를 드러냈다. 노동자들은 법원의 가처분 명령을 거부했고, 경찰과 자경단의 공격을 받았을 때는 노동자 대표들이 다른 노동자와 대중의 지원을 이끌어 내 막았다. 세 투쟁의 승리는 모두 새로운 전술을 채택하고 노조 우두머리들을 거슬러 거둔 승리였다.

각각의 투쟁은 모두 직접 선출한 파업위원회가 이끌었다. 결정적으로 세 투쟁의 지도부 모두 극좌파와 혁명가들이었다. 사회주의 정치와 끈기 있는 준비, 대담한 지도부가 없었다면 투쟁은 결코 성공하지 못했을 것이다.

산업별조직위원회의 등장과 점거파업의 확산

자동차 산업의 노동조합 활동가들도 이런 승리에 고무돼 조합원을 널리 모집하기 시작했고, 노총의 편협하고 보수적인 노동조합운동을 대체해 투쟁적 산별노조를 세울 방법을 강구했다. 이런 교훈을 노조 지도자들은 이해하지 못했다. 노총 지도부는 이런 파업들의 성공이 직업별 노조를 약화시킨다고 보고 투쟁의 발전을 가로막았다.

그러나 광산노조 지도자 존 L 루이스의 주도로 노총 일부가 분리해 산업별조직위원회CIO를 만들었고, 수많은 대량생산 산업 노동자를 산별노조로 조직하는 것을 목표로 삼았다. 루이스는 권위주의적 지도자라는 평판을 듣던 좌파 관료였다. 루이스가 이처럼 행동한 이유는 급진적이어서라기보다 새로운 형태의 노동조합운동이 도래하고 있다는 점을 이해했기 때문이다. 루이스는 공산당과 트로츠키주의자들이 새로운 운동을 장악하는 걸 지켜보느니 차라리 이끌고 싶어 했다. 이런 새로운 변화에 고취된 곳곳의 노동자들이 1934년의 승리를 가능케 한 전투적 전술을 본뜨기 시작했다. 1935년에 털리도의 지엠 노동자들이 노조 인정을 요구하며 파업했다. 그것은 현장 조합원의 반란이었고, 또다시 트로츠키주의자와 공산당원이 두드러진 구실을 했다. 이 파업의 승리로 전미자동차노조UAW 결성이 촉발됐고, 이 노조는 이듬해에 산업별조직위원회에 가맹했다.

1936년에 특히 고무와 자동차 산업에서 노동자들의 자신감이 끓어올랐다. 1936년 초에 타이어 생산 중심지인 오하이오 주 애크런에서 연좌농성 파업이 잇달아 벌어졌다.

애크런의 굿이어, 파이어스톤, 굿리치 타이어 노동자들이

1935/1936년 12~1월 파업 때 사측의 파업 파괴 행위를 막으려고 '연좌농성' 파업 전술을 최초로 채택했다. 노동자들이 피켓라인에 대규모로 참가해 굿이어 공장을 봉쇄한 탓에 경찰은 공장에 구사대를 들여보낼 수 없었다. 노동자 1만 명이 연좌농성을 벌여 큰 승리를 거뒀다. 주요 현장 지도자들은 대부분 공산당 당원이었다.

애크런의 점거파업들은 임금과 노조 인정 문제를 두고 시작됐지만, 굿이어 노동자들은 사측 용역 깡패가 지부 노조 간부를 폭행하자 또다시 연좌농성을 벌였다. 이튿날 밤에도 노동자들은 다시 연좌농성에 들어갔는데, 이번에는 인종주의 단체인 KKK단이* 공장 바로 앞에서 십자가 불태우기를 자행한 것에 항의한 행동이었다.

산업별조직위원회 지도자들도, 루스벨트도 애크런 노동자들의 저항을 꺾을 수 없었다.

1936년 2월 말, 루스벨트는 굿이어 공장에 중재자를 보내서 2주간의 전면적 점거파업을 끝내라고 노동자들을 설득했다. 4000명이 모인 총회에서 일터 복귀를 종용하는 중재자에 맞서서 노동자들은 "싫다, 싫다, 죽었다 깨어나도 싫다. 구사대가 되느니 차라리

• KKK단 미국의 인종차별 테러 단체.

죽음을 택하겠다!"는 구호로 응수했다.[4]

점거파업: 탄압에 맞선 대응책

점거파업은 기업주와 용역 깡패가 자행한 잔인한 탄압에 대응해 출현했다. 자동차 제조사들과 부품 업체들은 파업과 피켓라인을 분쇄하려고 무자비한 폭력과 최루탄, 총기 등을 아무 거리낌 없이 사용해 왔다. 이윽고 점거파업이야말로 기업주와 국가의 폭력에 대항하고 그것을 무력화하는 가장 유용한 산업 투쟁 방식이라는 점이 드러났다.

이 전술은 저절로 나타나거나 하늘에서 뚝 떨어지지 않았다. 애크런에서 점거파업이 벌어졌을 때 공산당 소속의 노동자들이 선두에 섰다. 자동차노조의 공산당 활동가인 헨리 크라우스는 1936년 6월의 프랑스 공장점거 투쟁이 자동차노조 활동가들에게 얼마나 큰 영향을 미쳤는지를 다음과 같이 증언한다.

점거파업은 바로 통상의 파업으로는 너무 많은 위험에 노출된다는 사실에서 고안됐다. 파업은 불법이었고, 미시간 주에서 파업을 벌이는 것은 불가능했다. … 폭력 문제도 있었다. 당신이 파업을 하고 피켓라인을 만들면, 저들은 어떻게든 파업을 분쇄하고 사람들을 체포하려 들 것이다. 그래서 1936년 프랑스 노동자들의 성공 소식을 접했을 때 이것 참 멋지다고, 우리도 이런 식으로 싸워야 한다고 생각했다.

1936년 대선 기간이 끝날 무렵, 산업별조직위원회는 루스벨트의 재선에 자원을 총동원하려고 조직화 사업까지 중단했다. 공화당 정권보다는 차악으로 민주당을 지지하는 게 낫다고 노조 지도자들은 주장했다. 현장의 많은 투쟁적 노동자들에게 이런 주장은 잘 먹히지 않았다. 노조의 성장과 투쟁 승리로 사기가 오른 노동자들은 루스벨트와 민주당을 넘어 노동자를 대표하는 새로운 정당을 바랐다.

1935년과 1936년에 노총과 산업별조직위원회의 여러 대의원 대회에서 노동자 정당 창당에 찬성하는 결의안이 꽤 지지를 받았다. 1936년 자동차노조 대의원 대회에서는 루스벨트의 재선을 지지하는 결의안이 부결됐다.

그러나 이것으로는 산업별조직위원회 지도자들이 노조를 동원해 루스벨트의 재선을 도우려는 계획을 막을 수 없었다. 경쟁 관계인 노총과 산업별조직위원회 모두 이 문제를 두고는 생각이 같았다. 산업별조직위원회가 뉴딜 연합에 충성을 바침으로써 1936년 대선을 기회로 노동자 정당을 창당하려던 계획은 사실상 물거품이 됐다.

1935년에 스탈린은 미국을 포함한 세계 열강과 동맹을 추구하는 새 외교정책을 내놓았다. 미국 공산당은 그 전 7년 동안 루스벨트와 민주당, 개혁주의자들을 다 사회파시스트라고 비난했지만, 이제 그들과 협력하라는 지령을 받았다. 1936년 대선이 다가오자 공산당은 비록 불청객 신세였지만 루스벨트 연합 지지를 자청했고, 공산당의 현장 간부들은 산업별조직위원회 지도부를 도와 루스벨트에게 노동계급 표를 몰아주라는 지침을 받았다.

그래서 노동자들이 산업별조직위원회의 파업 운동을 거치며 대규모로 급진화해서 혁명 정당에게 절호의 기회가 열린 바로 그때, 공산당은 도리어 그 잠재력을 차단하려 애썼다. 실제로 많은 투쟁적 노동자들이 민주당과 단절할 준비가 돼 있었음에도, 루스벨트는 미국 역사상 가장 압도적인 표 차로 재선에 성공했다.

그러나 이 때문에 급진화가 멈추진 않았다. 산업별조직위원회의 조직화 운동에 앞장섰던 자동차 노동자들은 1936/1937년 겨울의 플린트 점거파업과 그 직후 여러 달 동안 미국을 휩쓴 투쟁들을 이끌며 공세에 나섰다.

플린트: 거대한 점거파업

1936년에 점거파업 48건이 벌어져 노동자 50만 명이 참가했다. 가장 크고 중요하고 유명한 파업은 그해 12월 미시간 주 플린트의 지엠 공장에서 벌어졌다. 플린트는 지엠 공장이 15개나 있어서 그야말로 지엠 왕국의 중심지였다.

1930년과 1934년에 플린트에서 파업 시도가 있었지만 모두 사측 끄나풀과 경찰 손에 무참히 깨졌다.

지엠은 노동자들의 노조 가입을 결코 허용치 않을 태세였다. 노조 조직자와 활동가는 표적 탄압을 받고 내쫓겼다. 활동가들은 두들겨 맞거나 '사고를 가장한 공격'을 당했고, 살해된 사람도 있었다. 회사는 핑커턴 사무소와 계약을 맺고 노동자들을 단속했다. 핑커턴의 첩자 수백 명이 공장에서 암약하며 노조 가입을 고려하는 노동자가 있는지 늘 감시했다. 지엠은 '염탐질'을 하느라 1934년 한 해에만 84만 달러를 썼다.

지엠이 '검은 군단'으로 불린 파시스트 단체에 사주해 노조 활동가들을 납치하고, 타르와 깃털을 뒤집어씌워 모욕하고 살해했다는 주장도 있다. 지엠은 노동자들을 인간 취급하지 않았다. 플린트의 쉐보레 공장장 아널드 렌즈는 1936년에 "우리는 노동자들의 모가지 아래만 고용한다"며 으스댔다.

노조 지도자들은 지엠에 노조를 조직하는 것이 불가능하다고 생각했는데, 노동자들은 너무 후진적인 반면 사측은 매우 완강하고 잔인하다고 봤기 때문이다.

플린트 시 주민 14만 6000명 가운데 4만 4000명이 지엠에서 일했다. 지엠이 사실상 도시를 운영하며 주요 신문과 라디오 방송국, 경찰을 쥐락펴락했다. 시장과 경찰서장, 재판관들을 망라한 모든 시 관료들이 지엠의 돈을 받거나 지엠 주식을 갖고 있었다.

제노라 돌린저는 지엠 플린트 공장의 노조 활동가 커밋 존슨의 아내이자 사회주의자였고, 점거파업에서 한 구실 때문에 훗날 "노동계급의 잔 다르크"라는 별명이 붙었다. 돌린저는 플린트의 노동조건과 생활수준을 다음과 같이 묘사했다.

남부 지방 사람들이 플린트로 엄청나게 몰려들었다. 사람들은 고물차에 세간을 몽땅 싣고서 일자리를 찾아 북쪽으로 왔고, 방 한두 개짜리 작은 오두막을 얻어 살았다. 당연히 물도 안 나오고 난방도 안 됐다. 플린트는 말 그대로 지엠의 도시였다. 사람들은 절박한 심정으로 매일같이 공장 앞 넓은 잔디밭에 모여 앉아서 작업반장이 일거리를 주기만 손꼽아 기다렸다. 그것은 한 시간이나 하루짜리 일거리일 수도, 어쩌면 정식 채용일 수도 있었다. 이렇듯 노동자들은 정말 가난하게 살았다.

공장 안 노동조건은 끔찍했다. 찰리 채플린의 영화 〈모던 타임스〉

를 봤는가? 맞다. 그것이 곧 현실이었다. 노동자들을 더 쥐어짜려고 스톱워치로 작업 속도를 재는 사람들이 있었다. 화장실에 가고 싶은 노동자는 반장이 조립라인에 대타를 세울 때까지 참아야 했다. … 관리자들은 독화술을 하는 사람을 고용해 노동자들이 노조에 대해 이야기하는지 감시했다. 쉐보레 공장에서 처음으로 자동차노조에 가입해 노조 배지를 단 노동자는 바로 잘렸다. 관리자들은 이렇게들 말했다. "일단 지엠 문 안에 들어오면 미국 헌법은 잊어라." 지엠 노동자들에게 권리 따위는 없었다.[5]

전미자동차노조의 조합원 모집

이런 상황에서도 신생 자동차노조는 1936년 여름에 플린트로 조직자들을 파견했다. 자동차노조는 그곳 공장들에 노조를 만들면 산업별조직위원회와 자동차노조가 미국 제조업을 조직할 발판을 마련할 것이라고 확신했다. 노조 조직의 책임을 맡은 사람은 윈덤 모티머였는데, 클리블랜드에서 자동차노조 파업을 이끈 공산당원이었다.

자동차노조는 지엠에 차체 금형을 제작하는 공장이 겨우 두 군데뿐이고, 이 금형으로 지엠의 다른 모든 공장에 필요한 차체를 찍어 낸다는 것을 미리 알고 있었다. 그 두 공장은 플린트의 피셔바디 1공장과 클리블랜드의 차체 공장이었다. 자동차노조의 전략 목표는 두 공장에서 조합원을 충분히 모집해 1937년 초에 파업을 일으킨다는 것이었다.

새로운 조합원 모집 운동은 곧장 성공했고, 자동차노조는 플린트의 공장들에 기반을 잡았다. 플린트의 거의 모든 가구마다 자동차 공장 노동자가 한 명씩은 있었다. 노조 조직자들은 회의장에서 연설하는 대신 집집마다 돌아다니며 새 조합원을 가입시켰고, 그 명단을 자동차노조 중앙에도 비밀로 했다. 그 결과 자동차노조는 조합원으로 가장한 많은 회사 끄나풀들로부터 새 조합원 명부를 지켜 낼 수 있었다.

그러나 돌린저가 설명한 것처럼 이 일은 전혀 쉽지 않았다.

일간지 〈플린트 저널〉은 완전히 지엠의 손아귀 안에 있었다. 신문은 늘 이런 식이었다. "당신들은 누구 덕에 벌어먹고 사는지 결코 잊지 말아야 한다. 여기로 몰려든 자들은 모두 소련에서 온 자들로 공산주의를 바라고 있다." 라디오 방송국도 마찬가지였다. 처음에 노조가 갖고 있던 것은 유인물뿐이었다. 마침내 우리는 주간지 〈오토 워커〉 플린트판을 발행해 노조가 무엇을 하는지, 우리가 무엇을 지지하고 어떤 세상을 바라는지 알릴 수 있었다. 우리는 퇴근 시간에 공장 정문에서 이 신문을 나눠 줬고, 회사 앞잡이들한테 자주 두들겨 맞았다. 회사는 핑커턴 직원을 첩자로 고용하고 따로 경비대도 뒀다. 말할 나위도 없이 위험천만한 시기였다.

공장 안팎에서 사회주의자들과 공산주의자들이 벌인 활동이야말로 당장의 조합원 모집이나 이후 벌어질 투쟁 준비에 모두 중요했다.

첫 점거파업 이전 2년 동안 투쟁이 무르익는 과정이 있었다. 여기엔 의심의 여지가 없다. 많은 자칭 혁명가들이 "노동자들의 자생적 폭발"을 말한다. 나는 그런 얘기를 전혀 이해할 수 없다. 왜냐하면 지엠 왕국의 공장 곳곳에서 조직자들이 오랜 시간과 고된 노력을 들여 노동자에게 말을 걸고, 연락하고, 교육하고, 유대를 단단히 해 왔기 때문이다.

사회주의자들은 파업 준비 과정에 매우 많은 공을 들였다. 플린트와 디트로이트에는 매우 활동적인 단체가 몇 곳 있었다. 바로 공산당과 사회노동당, 사회당, 세계산업노동자동맹IWW이었다. 파업 2년 전부터 사회당 플린트 지부는 차고와 지하실에서 모임을 열었는데, 사람들이 붙잡혀 두들겨 맞는 일이 없도록 비밀리에 모였다. 이 모임에서 다가올 투쟁을 이끌 지도자들이 성장했다.

나는 사회당 건설에 열의가 높았다. 우리 모임이 커지자 사회당은 뉴욕에서 강연자들을 보내 줬다. 우리는 강연회 전단을 돌리고 티켓을 판매했다. 모임은 감리교회 지하실에서 열렸다. 강연은 사회주의, 노동계급 역사, 시사 문제를 다뤘고, 노동자들이 정치적 안목을 기르도록 자극했다. 이 강연들은 인기가 매우 많아서 300~400명씩 참석했다.

파업 전에 한 이 모든 일은 투쟁이 실제로 벌어질 때를 대비한 것이었다. 단단한 사회주의자들은 투쟁이 기어코 벌어질 것이라고 확신했다. 사회당은 공산당 다음으로 컸다. 우리는 지엠 노동자들을 당에 가입시킬 수단으로 기관지 〈소셜리스트 콜〉을 적극 활용했다. 처음 행동에 나선 사람들 가운데 사회당 노동자들이 있어서 우리는 지엠에 기초를 단단히 세울 수 있었다.

공산당의 회합 장소는 플린트의 북쪽 끝이었는데, 그곳에 러시아, 폴란드, 헝가리 출신의 이주자 대부분이 살고 있었기 때문이다. 공산당은 친목 활동을 활발히 벌이고 정치적 모임도 자주 열었다. 플린트 자동차노조의 조직 책임자인 로버트 트래비스는 공산당원이었고, 파업 기간에 사회당원 로이 루서를 부조직자로 선임했다.

지엠 사측의 양보

노조의 주장을 담은 스티커를 자동차 차체에 부착해 조립 라인에 전달하기 시작했다. 노동자들의 자신감이 오르고 있었다. 1936년 11월에 자동차노조는 피셔바디 1공장에서 잇달아 소규모 점거파업을 벌여 승리했는데, 이것이 사기를 더욱 드높였다.

한 사례를 들면, 작업반장이 세 명이 일하던 조에서 한 명을 뺀 뒤 나머지 두 명에게 모든 일을 떠맡긴 사건이 있었다. 비노조원이던 그 두 명은 일손을 놨다. 이들은 해고돼 공장에서 쫓겨났다.

7000명이 일하던 공장 전체에 격분이 일었고, 곧바로 노동자들이 농성에 들어가 공장을 멈춰 세웠다. 공장장을 항의 방문할 위원회가 선출됐다.

지엠의 차체 공장에서 이런 일이 일어난 건 처음이었다. 사측은 해고당한 노동자 두 명을 재고용하고, 작업 중단에 따른 손실 책임을 물어 임금을 깎지 않겠다고 했다. 그것으론 부족했다. 파업 노동자들은 두 노동자를 즉각 공장으로 복귀시키라고 요구했다.

지엠은 지역 라디오 방송과 경찰 무전으로 급히 두 사람을 찾아야 했는데, 그중 한 명은 여자친구를 만나고 있었다. 그 노동자가 여자친구를 집에 바래다준 뒤 옷을 갈아입고 자기 조립라인에 돌아오기 전까지 작업은 재개되지 않았다. 이후 노동자들이 노조로 몰려들었다.

노조는 새해가 되면 곧장 목표대로 움직일 예정이었지만,

12월 30일에 클리블랜드 차체 공장에서 파업이 벌어지자 애초 계획을 앞당겨야 했다. 자동차노조는 즉각 성명을 내서 모든 공장에 적용되는 전국적 단협을 지엠과 맺기 전에는 클리블랜드 파업을 끝내지 않겠다고 했다.

같은 날 사측이 피셔바디 1공장에서 차체 금형을 빼돌리려 한다는 사실이 들통나자, 곧장 플린트 점거파업이 시작됐다. 점거파업은 44일 동안 이어졌고 미국 노동조합운동의 역사를 바꿔 놨다.

노동자들은 공장 안에서 농성하며 출입구마다 미완성 차체를 쌓아 올려 바리케이드를 쳤다. 모든 문은 철골을 덧대 용접했고, 모든 창문에 방탄용 철판을 설치하고 구멍을 내 소방 호스를 끼워 넣었다. 노동자들은 최루가스 공격 때 얼굴에 덮어쓸 가리개도 미리 적셔 준비해 놨다. 금속 부품 무더기를 요충지에 배치하고, 침입자에게 뿌릴 도장용 분무기도 공장 곳곳에 설치했다.

피셔바디 1공장이 접수되자마자 2공장 노동자들도 곧장 농성에 들어갔다. 지엠 자동차의 차체 생산이 전면 중단됐고, 1937년 1월 1일 쉐보레와 뷰익 조립 공장들이 모두 문을 닫았다.

현장조합원 민주주의

총회에서 점거파업 운영에 필요한 위원회들을 선출했다. 위원회들은 각각 농성 전략과 급식, 경계, 첩보, 위생, 오락, 교육을 맡았다. 위원회 구성은 하루 두 번 열리는 총회에서 언제든 바꿀 수 있었다.

경계 임무를 맡은 사수대가 모든 공장 출입구를 빈틈없이 지켰고, 게시판에 경비자 명단과 교대조를 써 붙였다. 파업 기간 내내, 밤낮없이, 매 시간마다 공장 전체를 샅샅이 살피는 일도 조직했다.

공장의 모든 노동자들은 하루 6시간씩 자기 임무를 수행했다. 공장 우체국을 만들어 모든 우편물을 처리했다. 면회 시간을 마련해 자녀들은 창문 너머로 들어와 아빠를 만났고, 부인들은 창밖에 서서 남편과 대화를 나눴다.

파업 노동자들은 농성장 관현악단을 만들어 저녁마다 공장 스피커로 연주곡을 방송했다. 디트로이트 현대극단이 찾아와 연극을 공연하기도 했다. 찰리 채플린이 최신작 〈모던 타임스〉를 기증해 공장 안에서 상영회가 열렸다. 학생들이 글쓰기 교실을 열었고 노동자들은 희곡 창작에 도전했다.

노조는 공장 바깥에도 위원회를 세워 식품 조달과 홍보, 고충 처리, 피케팅 조직, 조합원 모집을 담당하게 했다. 매일 공장 안팎의 노동자 수천 명에게 음식을 제공하는 일은 참으로 어마어마한 임무였다. 식품 배송은 최근에 있었던 버스 기사 파업을 자동차 노동자들이 지원한 보답으로 플린트의 버스 기사들이 도맡았다.

노조는 노동자들이 빌려준 수백 대의 차에 확성기를 달고 플린트 시내를 돌았다. 파업 특보를 발행하고 공장 밖에서 밤낮없이 피케팅을 벌였다. 엄마들이 파업 지원 활동을 하는 동안 자녀를 돌볼 놀이방도 설치했다.

지엠은 노동자들에게 24시간 안에 공장을 비우도록 지시하는 법원의 가처분 명령을 따냈다. 그러나 담당 판사가 20만 달러가 넘는 지엠 주식을 갖고 있다는 사실이 노조 측 변호사들한테 발각돼 법원 명령은 말 그대로 휴지 조각이 됐다.

점거 투쟁이 더 강력해지자 사측은 폭력 수위를 높였다. 당시 젊은 기자였던 극작가 아서 밀러는 플린트 점거 현장을 방문한 뒤 다음과 같이 전했다.

공장 밖에 설치한 기관총에 주 방위군 병사 셋이 배치돼 있었다. … 이 병사들이 옥상에서 바람 쐬던 노동자 세 명한테 총질을 해, 한 명이 부상을 당했다. 다른 병사들은 소총을 든 채로 조용히 주변을 경계했다. 새파랗게 젊은 병사들을 가득 태운 트럭 두 대가 도로 양 끝을 봉쇄했다. 경찰차 두 대가 이상한 각도로 전복돼 있었다. 노동자들이 경찰과 군인의 접근을 막으려고 소방 호스를 온수 배출구에 연결한 뒤 세찬 물살로 뒤집어 버린 것이다.

고가 다리로 진압 병력이 침입하지 못하도록 노동자들은 모로 세운 쉐보레 차체들을 고가 입구에 용접해 버렸다. 이때가 파업 셋째 날이었다. 현장은 고요했지만 공장 안에서 흘러나온 나직한 색소폰 소리가 때때로 정적을 깨뜨렸다. 급조된 재즈 그룹의 연주곡이었다.

1월 11일 점거 노동자들이 먹을 저녁밥을 갖고 온 여성들이 피셔바디 2공장을 포위한 용역 경비대한테 가로막혔다. 경비들이 음식 전달에 사용되던 문을 막고 있었다. 여성들은 창문 너머로 음식을 건네주기 시작했다. 그러자 경비들이 공장 안과 여성들을 향해 최루탄을 퍼부었다.

이 소식이 알려지자 노동자 수백 명이 서둘러 현장으로 달려왔다. 뷰익과 쉐보레 조합원들, 털리도에서 온 '유격대'들이었다. 피셔바디 2공장 밖에서 피케팅을 벌이던 사람들은 손수 만든 곤봉으로 용역 경비들과 싸웠다. 결국 노동자들이 경비대한테서 열쇠를 빼앗고 공장 주위를 다시 장악했다.

플린트 경찰이 사측 경비대를 지원하러 왔다. 또다시 공장 안과 노조 지지자들 쪽으로 최루탄을 쏴 댔다. 공장 안 노동자들은 고압 호스로 물을 쏘고 옥상에서 우유병과 돌, 철제

자동차 힌지를 던지며 응수했다.

바람 방향이 바뀌는 통에 공장 밖 군중에게 발사된 최루가스가 경찰 대열 쪽으로 흘러가자 경찰은 후퇴했다. 경찰이 대열을 정비해 노동자들을 다시 내쫓으려 했지만, 이번에도 힌지 뭉치와 우유병 세례를 피할 수 없었다.

경찰은 결국 권총을 꺼내 들어 근접 거리의 노조 지지자들에게 발포했다. 14명이 다쳤지만 노동자들은 보안관 차를 뒤집어 버렸고, 경찰은 또 물러설 수밖에 없었다.

가족대책위 설립을 도운 제노라 돌린저는 방송차에 올라 도시 곳곳을 돌며 외쳤다.

겁쟁이들아! 이 겁쟁이들아! 어떻게 무기도 없는 맨주먹의 노동자들한테 총질을 한단 말이냐! 플린트 여성들이여! 이 싸움은 당신의 싸움입니다! 피켓라인에 동참해 당신의 일자리와 남편의 일자리를 지키고 자녀의 보금자리도 지켜 냅시다.

이윽고 새빨간 베레모를 쓴 여성 400명이 손수 만든 곤봉을 들고 들이닥쳤다. 파업 노동자의 부인들로 조직한 여성 기동타격대였다. 이 여성들은 경찰 봉쇄를 뚫고 공장으로 왔다.

경찰이 다시 공격했지만 이제는 늘어난 노동자들에 밀려서 내쫓겼고, 다시는 돌아오지 못했다. 싸움 과정에서 파업 노동자 16명이 총에 맞아 다쳤고, 경찰 11명이 부상했다.

황소bull는 경찰을 가리키는 미국 속어다. 경찰이 점거파업을 깨는 데 실패한 뒤 이 일을 두고 "불스 런 전투Battle of Bulls Run"라고들 불렀다.* 파업 노동자들은 승리를 자축했고 수천 명 넘게 노조에 가입했다.

가족대책위

여성들 덕택에 점거파업이 바뀌었다. 23살의 제노라 돌린저는 가족대책위와 산하 투쟁 조직인 여성 기동타격대의 핵심 조직자였다. 돌린저는 당시에 몇몇 남성과 말다툼을 벌인 사연을 다음처럼 회상한다.

첫 점거파업이 시작된 후 나는 피켓라인을 지원하러 갔다. 지도부 가운데 한 명이 곧장 이렇게 말했다. "부엌으로 가세요. 거기에 도울 일이 있을 겁니다." 그 사람들은 여성이 할 수 있는 일이라곤 그것뿐인 줄 알았다. 나는 이렇게 대꾸했다. "추운 피켓 대열에서

---

* 미국 남북전쟁 때의 유명한 싸움 중 하나인 불런 전투Battle of Bull Run에 빗댄 표현이다.

오래 버티지 못할 작고 비쩍 마른 남자들이 여기 여럿 있네요. 이 남자들도 감자는 여자만큼 깎을 수 있겠죠."

그 대신에 나는 아이들을 모아 피켓 대오를 짰다. 너무 위험한 일이었으므로 겨우 한 번의 시위로 그쳤지만, 언론의 관심과 호평을 적잖이 받았다. "아빠는 우리 꼬맹이들을 위해 파업을 하고 있어요"라고 적힌 팻말을 든 내 두 살배기 아이의 사진이 전 세계에 전파됐고, 프랑스에서 온 사람들이 그 사진이 실린 신문 기사를 보내 주기도 했다. 우리 파업 소식이 이렇게까지 널리 퍼지다니 참으로 놀라운 일이었다.

이후 우리는 가족대책위를 조직했다. 우리는 여성들에게 연설 수업을 열었는데, 대부분 노조 집회에 가 본 적이 없었다. 몇몇 남자는 피켓라인에 온 여자들이 그저 남자나 만나려는 거라고 비아냥댔다. 그러나 기혼 남성들이 가족과 함께 더욱 능동적으로 파업에 참가하고, 또 우리가 무엇을 할 수 있는지 보여 주자, 그런 자들은 입을 닥쳤다. 우리는 존중받기 시작했고, 파업에서 여성의 활동을 조직한 일이야말로 내 인생에서 가장 값진 경험이었다.

"불스 런 전투" 이후 루스벨트의 압박으로 지엠은 1월 13일에 자동차노조와 만나 단협을 맺을 예정이었다. 노동자들이 승리한 것처럼 보였다. 노동자들은 악대를 앞장세우고 깃발을 휘날리며 농성장 밖으로 행진해 나갈 준비를 했다. 그때 사측이 파업 불참자 단체인 플린트연맹과 협상을 벌이고 있고, 자동차노조에 단독 교섭권을 주지 않을 것이라는 소식이 흘러나왔다. 바리케이드가 다시 세워지고 점거파업이 계속됐다.

지엠이 반격에 나섰다. 파업 시작 후 폐쇄한 공장들이 다시 가동됐다. 이제는 명백히 노조가 지엠의 생산을 죄다 멈춰야 할 시점이었다. 피셔바디 공장 건너편에는 쉐보레 공장들이 있었다. 그중 가장 중요한 곳은 쉐보레 4공장으로, 지엠에서 가장 큰 공장이자 모든 쉐보레 엔진을 단독으로 생산했다. 문제는 무장한 용역 경비대 1500명이 공장을 지키고 조립라인에 회사 끄나풀들이 촘촘히 박혀 있다는 점이었다.

지엠은 노동자 7000명이 일하는 쉐보레 4공장이 난공불락이라고 자신했다. 사측은 점거파업을 금지하는 법원의 가처분명령을 또다시 받아 내 판돈을 키웠다. 자동차노조는 이 명령을 거부했을 뿐 아니라 쉐보레 4공장을 장악하기로 결정했다.

1월 29일에 조직자 트래비스가 쉐보레 조합원 총회를 소집했다. 모임 끝에 '믿음직한' 조합원 30명을 선발해 따로 모았다. 그리고 이 사람들한테 이튿날 노조가 어떻게 대응할 계획인지 설명했다.

이 30명 가운데는 회사 첩자로 알려진 사람들이 있었는데도 노조는 정확히 2월 1일 월요일 3시 20분을 기해 9공장을 접수할 계획이라고 알려 줬다. 9공장은 노조가 강성해서 노동자들이 점거파업을 벌이기 가장 좋은 곳이었다.

자동차노조의 핵심 활동가 6명만이 그 계획이 속임수이고 실제 목표는 경비가 삼엄한 4공장이라는 사실을 알고 있었다. 커밋 존슨도 이 가운데 한 명이었다.

노조는 2월 1일에 항의 행진을 하자고 호소했다. 행진을 하려고 인파가 모였을 때, 한 여성 기동타격대원이 조직자에게 달려와 쪽지를 건넸다. 조직자는 그것을 펴 본 뒤 군중에게 외쳤다. "저놈들이 쉐보레 9공장에서 우리 동료들을 두들겨 패고 있답니다. 모두 그리로 갑시다." 사실 그 쪽지에는 아무것도 써 있지 않았다.

사측은 첫 행동이 9공장에서 벌어질 것이라고 알고 있었으므로 경비 병력이 전부 9공장 근처에 배치돼 있었다. 3시 20분에 노동자들이 "파업!" 구호를 외치며 9공장으로 행진해 오자 사측 경비대가 행진 대열에 난입해 노동자들을 구타하기 시작했다.

3시 45분, 9공장 싸움이 격렬해지자 4공장 공장장이 조립 라인을 급히 돌아다니며 회사 끄나풀과 용역 경비에게 모두 9공장으로 넘어가서 그곳의 경비 병력을 보강하라고 지시했다.

4공장에는 이제 용역 경비와 회사 끄나풀이 한 명도 없었다. 4시 10분, 9공장에 있던 노조 지도자들이 '패배'를 인정하고 조합원들에게 공장을 떠나라고 했다.

그러나 4공장에서는 커밋 존슨이 이끈 조합원들이 기계를 멈추고 작업반장들을 쫓아냈다. 9공장에서 '승리'하고 돌아온 용역 경비들이 4공장에 다시 진입하려 했지만, 피스톤과 커넥팅 로드, 로커 암으로 무장한 파업 노동자들한테 밀려 쫓겨났다. 여성 수백 명이 언덕을 내려와 4공장으로 돌진했다. 여성들은 4공장 정문 앞에 모여 스크럼을 짰다.

사측이 공장을 탈환하려고 할 때마다 여성들이 앞장서서 막았다. 노조는 불가능해 보이던 쉐보레 4공장 점거를 성공시켰다. 그러나 점거 유지는 또 다른 난관이었다.

다음 날 지엠이 4공장 난방을 차단하자, 노동자들은 너무 추워서 불을 피울 수밖에 없다고 위협했다. 난방은 즉각 복구됐다. 2월 8일에 지엠은 법원으로부터 2차 해산 명령을 받아낸 뒤 주 방위군과 무장 자경단원, 경찰을 불러 모았다.

농성장에서는 기필코 공장을 사수하자는 안건이 노동자들의 투표로 가결돼 포위 공격을 대비했다. 아트 프라이스는 당시 상황을 이렇게 전했다. "그날 아침 플린트로 향하는 모든 도로가 디트로이트, 랜싱, 폰티액, 털리도에서 몰려든 노조원들로 꽉 막혔다." 농성장 밖에서는 지엠 노동자 2만 명과 지지자들이 피셔바디 2공장을 에워쌌고, 털리도 오토라이트 파업에 참가했던 1000명 이상의 베테랑 투사와 애크런의 타이어 노동자, 피츠버그의 광원들이 포함된 별동대는 피셔바디 1공장을 둘러쌌다. 모두 한바탕 전투를 벌일 각오가 서 있었다.

그동안 플린트 시 당국은 반노조 자경단을 무장시키기 시작했고, 플린트 경찰서장은 다음과 같이 공표했다.

학살극을 원치 않는다면 존 L 루이스 씨는 조합원들을 철수시켜야 할 것이다. 플린트의 선량한 시민들은 이제 더는 참을 수 없는 상태다. 우리는 신속히 병력을 모아 비상 상황에 대처할 것이다.

루이스는 다음과 같이 답했다.

나도 경찰서장 당신이 부하들한테 총을 쏴서라도 우리 조합원들을 공장에서 쫓아내라고 명령 내릴 수 있다고 생각한다. 그런데 잘 들어 보라. 당신이 그런 명령을 내리면, 나는 이 회견장을 박차고 나가 동료들과 함께 공장으로 들어갈 것이다. 그리되면 당신 대원들은 나를 먼저 쏴야 할 것이다.[6]

우리가 이겼다

점거파업 44일째인 2월 11일, 노동자 수만 명이 싸울 태세를 갖추고 공장을 파괴하겠다고 위협하자 지엠은 마침내 두

손을 들었다. 지엠 노동자 15만 명 중 약 14만 명이 점거파업과 피케팅에 참가했다. 미국에서 가장 큰 회사가 자동차노조를 인정할 수밖에 없었다.

점거파업 참가자들은 "우리가 이겼다"고 선언하는 현수막을 앞세우고 〈연대여, 영원하라〉를 부르며 공장 밖으로 행진했다.

부인들, 아이들, 지지자들 수천 명이 풍선과 색종이와 꽃을 아낌없이 날렸다. 군중은 피셔바디 2공장과 쉐보레 4공장으로 행진했고, 가는 곳마다 거듭 승리의 환호가 터져 나왔다. 파업 노동자들과 지지자들은 플린트 도심을 행진한 뒤 펜갤리 홀에 모였고, 그곳에서 노래를 부르며 파업 승리 보고 대회를 열었다. 플린트에서 처음 보는 광경이었다.[7]

노동계급은 엄청난 승리를 거뒀다. 기업주가 노조에게 전국 단위의 단독 교섭권을 부여한 것은 미국 역사상 처음 있는 일이었다.

1937년에 점거파업이 477건이나 벌어졌다. 크라이슬러 자동차, 울워스 슈퍼마켓, 웨스턴유니언 전신사, 식당, 호텔, 청소 업체, 인쇄소, 유리 공방, 타이어 제조사 등 모든 산업과 직종을 망라했다. 얼마 안 있어 곳곳의 점거파업 참가자들은 다음과 같이 재치 있는 가사의 〈농성하라〉라는 노래를 부르기 시작했다.

저들이 조합원을 탄압한다면, 연좌하라! 연좌하라!
해고한다면, 복직될 때까지 농성하라! 농성하라!
노동강도를 올린다면, 빈둥거리며 파업하라! 파업하라!
대화를 거부한다면, 나가지 말고 점거하라! 점거하라!

아트 프라이스가 지적했듯이 농성 전술은 보편적이고 대중
적인 항의 형태가 됐다.

사람들은 구호소와 직업소개소에서 농성을 벌였고, 강제 퇴거 반
대 시위에서도 경찰에 맞서 농성을 했다. 일리노이 주 졸리엣과 필
라델피아의 여러 교도소에서는 수감자들이 농성 전술을 채택했다.
심지어 아이들도 영화 조기 종영에 항의해 극장에서 똑같이 따라
했다.

3월 2일 세계에서 가장 큰 철강 회사인 유에스스틸이 산업
별조직위원회 산하 노조와 파업 없이 협상을 타결했다. 1년 만
에 자동차노조 조합원 수가 3만 명에서 50만 명으로 늘었고,
자동차 노동자들의 임금은 300퍼센트가량 올랐다.
노동자들의 의식도 성장했다. 파업과 농성으로 노동자들이

힘을 새로이 자각하고 더 정치적으로 변한 덕택이었다. 여성 조합원 수는 3배로 늘었고, 산업별조직위원회는 흑인 노동자를 적극적으로 가입시켰다.

크리스 하먼은《민중의 세계사》에서 이런 상황을 다음과 같이 설명했다.

> 그런 파업들은 미국 사회에 만연한 개인주의, 즉 누구나 성공할수 있다는 아메리칸드림의 신화와 그 이면에 존재하는 인종차별에 타격을 입힘으로써 미국 자본주의의 풍토 전체를 뒤바꿀 수 있는 잠재력이 있었다.
> 노동조합들이 투쟁에서 승리하자 노동자들 사이에서 새로운 집단 행동 문화, 바로 농성장에서 불린 노동조합가 〈연대여, 영원하라〉로 상징되던 문화가 생기고, 디트로이트 같은 도시들에서 인종차별이 사라지기 시작했다. 산업별조직위원회는 대규모 기구로서는 미국에서 유일하게 흑인들이 백인들과 함께 '진정한 동참'의 기회를 누릴 수 있는 곳이었다.

그러나 유감스럽게도 운동의 잠재력은 꽃피지 못했다. 좌파를 지배한 정치가 운동의 전진을 가로막았기 때문이다.

미국 공산당의 구실

운동을 이끌려 한 사회주의 단체에 공산당만 있었던 것은 아니다. 특히 1934년 파업들에서 트로츠키 지지자들은 탁월하고 유능할뿐더러 정치도 더 낫다는 점을 보여 줬다. 그러나 그들은 수적으로 너무 열세였다. 좌파 가운데 공산당만이 실제 전국적 기반을 갖추고서 운동의 향방을 좌우할 영향력이 있었다. 대공황 초기에 공산당은 당원이 7500명이나 됐지만, 트로츠키주의자들은 130명에 불과했다.

1938년 말에 공산당 당원은 8만 명을 넘어섰지만, 트로츠키주의 경향의 사회주의노동자당은 3000명쯤이었다. 더 중요한 점은 공산당이 산업 노동자들 사이에서 강력한 기반을 마련했다는 사실이다. 이 속에는 투쟁하며 산업별조직위원회 노조를 건설한 수많은 현장 지도자들도 있었다. 이런 조건을 활용해 공산당은 당원 수를 크게 늘렸고, 덩달아 운동에서 지위도 올라갔다.

1935년에 공산당에는 자동차 노동자 당원이 630명 있었다. 1938년에 그 수는 1100명이 넘었고 주변에 훨씬 광범한 지지자들을 거느리고 있었다. 1937년에 공산당은 디트로이트에서 자동차 공장 분회를 28군데 운영했고, 당원들이 자동차노조의 거의 모든 주요 지부에서 활동했다.

공산당 당원들은 1936년에 애크런을 휩쓴 타이어 노동자들의 파업을 이끌었고, 플린트 투쟁을 준비하고 44일간 유지하는 데서도 결정적인 구실을 했다. 로저 키런은 다음과 같이 설명한다.

명심해야 할 중요한 사실은 점거파업 전략을 제안하고, 지도하고, 통제한 장본인이 바로 공산당이었다는 점이다. 파업이 공산당의 모의로 벌어진 것은 분명 아니었지만, 공산당은 경험 많고 헌신적인 활동가들을 제공했고 이 사람들은 주요 활동에 전부 참여했다. 공산당은 또 점거파업 전략 전반에 깊숙이 개입해 최초의 작업 중단을 준비하고 그 시점을 고르는 일부터 쉐보레 4공장을 장악하고 필요하다면 힘으로 점거를 지속하자는 결정을 내리는 데까지 모두 관여했다. 많은 비당원들이 두드러진 구실을 한 것도 맞지만, 훗날 원덤 모티머가 말했듯 "점거파업의 핵심 전략을 수행하는 데 중추 구실을 한 것은 공산당이었다. 파업이 승리하는 데 공산당의 몫이 매우 컸다." 이 중대한 일에 참여한 사람 가운데 공산당원들만큼 환히 꿰고 있는 사람은 없었다.

공산당이 플린트 투쟁에서 지도적 구실을 한 것은 지역에서 활발히 당원을 모은 덕택이기도 했다.

공산당은 점거파업을 거치며 어마어마한 정치적, 조직적 성과를 남겼다. … 공산당 덕분에 많은 자동차 노동자들이 사회주의 사상을 받아들였는데, 이는 과거에 여느 급진주의자들이 대량생산 산업에서 거둔 성과들을 뛰어넘는 것이었다. … 공산당은 디트로이트의 이주 노동자들 사이에서 영향력을 넓혔다. 당원들은 폴란드, 러시아, 슬로바키아, 우크라이나, 핀란드, 리투아니아, 헝가리, 아르메니아 등 여러 소수민족의 친목 모임과 회관을 본거지 삼아 친목 활동과 정치 활동을 펼쳤다.

공산당은 1930년대까지도 1917년 러시아 혁명의 계승자로 자처했다. 스탈린의 악행이 1950년대 이전에는 러시아 바깥으로 알려지지 않았다. 러시아 혁명은 이탈리아와 독일, 스페인에 파시즘이 득세하는 상황에서 전 세계의 투쟁하는 노동자들한테 여전히 영감을 줬고, 그 덕에 스탈린은 자신이 파시즘에 대적할 방어벽인 양 행세할 수 있었다.

그 결과 공산당은 당시 계급의식을 지닌 노동자들 사이에 뚜렷한 영향력이 있었다. 그러나 공산당의 정치적 오류로 말미암아 1930년대 말 미국의 노동계급 운동은 그만큼 더 심각한 해를 입었다.

루스벨트의 뉴딜 연합을 지지한 탓에 계급투쟁이 뿌리째 뒤흔들렸다. 공산당은 산업별조직위원회 관료들을 지원하고, 노조 안에 확보한 당의 영향력을 이용해 노동자들을 투쟁에서 멀어지게 했다.

플린트 점거파업이 시작됐을 때 산업별조직위원회 지도자 존 L 루이스는 신속하게 지지 성명을 냈는데, 농성 전술을 승인해서가 아니라 그저 자동차 산업을 산업별조직위원회 깃발로 조직하고 싶어서였다. 루이스는 플린트 파업이 끝나자마자 노조 활동가들을 자기 뜻대로 움직이려 들었고, 공산당 덕택에 그렇게 할 수 있었다.

루이스는 산업별조직위원회가 비공인 투쟁을 결코 허용하지 않을 것이라며, 기업주들에게 이렇게 장담했다. "산업별조직위원회와 단협을 맺는 것이야말로 연좌농성, 드러눕기 등 모든 형태의 파업에 대처하기 적합한 보호 장치다." 그러나 투쟁적 노동자들은 루이스의 말을 무시했고, 지엠에서는 협상이 타결된 뒤에도 4개월 동안 살쾡이 파업과 점거파업이 200건 더 벌어졌다. 1937년 중반에 자동차노조 지도부는 노조의 공인 없이는 파업을 허용하지 않겠다는 공식 성명을 발표했다.

노동조합 관료들은 루스벨트와 정치적으로 한통속이 됐고 이 때문에 파업의 기세를 꺾고 크라이슬러 점거파업을 탄압했다. 공산당원을 포함해 투쟁적 노동자들이 이따금 루이스와 공산당 지도부를 거슬렀지만, 루이스는 공산당의 영향력에 기대어 노동자들을 억누를 수 있었다.

그래서 공산당 기관지 〈데일리 워커〉는 다음과 같은 당 지도부의 성명을 실었다.

공산당과 공산당원은 과거나 지금이나 어떤 형태의 비공인 파업도 옹호한 적이 결코 없다. … 만약 당원들이 그런 행동에 앞장선다면 노동계급과 중간계급의 협력이라는 대의에 심각한 해악을 입힐 것이다.

공산당은 루이스와 단절하느니 기꺼이 비공인 파업과 농성 파업을 모른 체하려 했다. 1934년부터 1937년 초까지 왕성하던 풀뿌리 노동자들의 투쟁성은 사그라들고 위로부터 엄격한 통제가 강화됐다. 노동자 대중이 산업 투쟁을 거치며 정치화하고 혁명적 노동자 정당을 만들 기회가 생긴 바로 그때, 공산당은 있는 힘을 다해 이런 발전의 싹을 자르려고 했다.

철강 노동자들이 파업에 나섰지만 점거는 하지 않았고, 그 덕분에 기업주들은 직장폐쇄를 감행하고 노동자들을 쫓아낼 수 있었다. 산업별조직위원회 지도자들이 과감한 전술들을 내팽개친 결과 철강 산업에 침투하는 데 실패했고, 운동의 기세는 꺾였다.

루스벨트가 노동운동을 배신할 것이고, 산업별조직위원회 지도부가 루스벨트에 맞서서 싸우지 않을 것이 뻔했다. 그런데 노동자들이 이 쓰디쓴 교훈을 얻었을 때, 미국 역사상 가장 강력했던 투쟁은 이미 막을 내렸다.[8]

루이스는 공산당이 자기 목적에 부합하는 한 공산당원들을 방어했다. 그래서 루이스는 "난 내 조직자나 조합원의 주머니를 뒤져서 어떤 문건을 가지고 다니는지 감시하지 않는다" 하고 큰소리쳤다. 그러나 더는 공산당 소속 조직자가 필요 없게 되자 루이스는 상근자 명단에서 공산당원을 빼 버렸다.

만일 운동의 선진 부위가 루스벨트와 단절하고 노조 지도자들을 거슬렀다면, 만일 1937년 점거파업이 축소되지 않고 확대됐다면, 투쟁의 향방에 영향을 미칠 정도로 규모가 크고 노동계급에 뿌리박은 혁명 정당을 건설할 수 있는 조건이 창출됐을 것이다.

공산당은 충분히 컸다. 공산당은 산업 노동자들 사이에서 기반을 늘렸고, 1937년에는 절반 가까운 산업별조직위원회 노조에서 지도적 지위를 차지했다.

그러나 공산당은 혁명을 포기했고, 노동자들을 전진시키기는커녕 저버렸다. 투쟁적 노동자들이 보기에 공산당은 1937년에 상승하던 계급투쟁에 등을 돌리고 운동을 망친 장본인들이었다.

그럼에도 1930년대에 벌어진 이 점거파업은 지금까지도 미국 노동계급 역사의 정점으로 남았고, 오늘날 노동자들에게도 귀감이 된다. 불과 몇 년 사이 미국 노동계급은 실로 거대한 한 걸음을 내디뎠다.

chapter 7

1968년 프랑스:
불가능을 요구하다

1968년 프랑스 르노 비양쿠르 공장 노동자 집회. 68 반란의 특징은 체제의 불의에 저항한
학생 투쟁이 거대한 노동자 반란을 촉발했다는 점이다.

1968년에 세계는 반란으로 불타올랐다. 이 저항의 불길은 한 세대를 고무하고 이후 오랫동안 세계 곳곳에서 벌어진 투쟁들에 커다란 영향을 미쳤다. 1968년 하면 흔히 학생 반란을 떠올리지만 쉽사리 간과해 버리는 사실이 있다. 바로 학생 소요를 계기로 곧바로 노동자들이 사상 최대 규모의 총파업을 벌였다는 점이다.

격동의 한 해 중 5월이 가장 열띠고 중요했다. 베트남 전쟁에 격분한 파리의 대학생들이 대학 당국, 경찰과 충돌했다. 투쟁이 잇달아 벌어져 5월 10일 저녁의 "바리케이드의 밤"에 최고조에 다다랐다. 이날 대학생 수천 명이 격전 끝에 진압경찰을 라탱 지구에서* 몰아냈다.

드골의 권위주의 정권은 천하무적처럼 보였다. 드골은 아무런 협의도 거치지 않은 채 임금과 고용 정책을 시행했고, 포고령을 통치 수단으로 삼았다. 파업을 공격하고 피켓라인을 깨는 데 진압경찰을 곧잘 동원했다. 1966년에 프랑스 제조업 노동자들의 임금수준은 유럽공동시장에서 두 번째로 낮았지만 노동시간은 가장 길었다. 세금도 제일 많았다.

대학도 이런 내핍을 강요받았다. 현대 프랑스 자본주의의 수요를 충족하려고 학생 수가 늘었지만, 급증하는 학생들을 감당할 물질적 지원은 거의 늘지 않았다. 독일, 영국, 미국에 비해 프랑스 대학들의 과밀화와 재정 부족 문제는 유달리 심각했다.

1968년에도 공산당PCF은 프랑스에서 가장 비중 있는 좌파단체였다. 20년 이상 공산당은 거의 모든 선거에서 20퍼센트에 가까운 표를 얻었다. 또 공산당은 노총CGT 지도부를 장악해 산업 노동자들 사이에서 사실상 독점적 지위를 누렸다. 그러나 학생운동 안에서는 마오쩌둥주의, 트로츠키주의, 아나키즘 단체 등이 공산당과 정치적으로 경쟁하며 세를 불리고 있었다. 공산당 지도부는 새롭게 부상하는 학생운동보다 노동운

---

* 라탱 지구 파리 센 강 남쪽에 있는 대학가.

동을 계속 장악하는 것을 더 중시했다.

처음에는 학생 시위가 고립돼 보였으므로 이런 방향이 큰 문제가 되지 않았다. 공산당 지도자 조르주 마르셰는 학생과 경찰의 첫 대결을 보고서 다음처럼 헐뜯었다.

초좌파들의 소행이 분명하다. 이 학생들은 대부분 부유한 부르주아의 자식들로 … 혁명적 열정에서 곧 깨어나 아빠 회사를 물려받으러 돌아갈 것이다.

그러나 경찰 폭력을 겪은 뒤 학생들에 대한 사람들의 태도가 바뀌었다. 학생들이 경찰과 싸울 태세가 돼 있을 뿐 아니라 자신들의 뜻을 굽히지 않을 것임을 분명히 하자 젊은 노동자 수천 명이 학생 시위에 동참하려고 라탱 지구로 몰려들었다. 파리의 공산당 청년 단체를 이끌던 한 간부는 이것을 다음과 같이 설명했다.

나는 청년들을 말리느라 애를 먹었다. 공산당이 한마디만 했어도 청년들은 라탱 지구로 진작에 달려갔을 것이다. 당의 허락이 전혀 없는데도 몇몇 동지들은 아랑곳 않고 뛰쳐나가 안전모를 뒤집어쓴 채 시위에 동참했다.

5월 10일 저녁에 결전이 벌어졌다. 그날 밤 학생과 진압경찰이 벌인 전투는 지역 라디오 방송국의 전파를 타고 전국에 생중계됐다. 진압경찰은 최루탄과 경찰봉으로 학생들을 마구잡이로 공격했다. 학생들은 바리케이드를 쌓고 짱돌을 던지며 방어했다. 수많은 사람이 경찰 만행에 놀라고 분노했으며, 또 많은 사람이 학생들의 용기에 고무받았다.

공산당은 자신이 책임감 있는 세력임을 입증하고 사회민주주의 정치인들과 권력 분점 협상을 성사시키려고 수년을 공들였다. 이런 노력으로 연립정부에 참가하길 바란 것이다. 공산당은 학생들의 투쟁을 결코 옹호하려 들지 않았지만, 그렇다고 평당원 기반을 죄다 무시할 수는 없었다. 학생들에게 공감하는 분위기가 널리 확산하자 공산당과 노총은 행동에 나설 수밖에 없었다.

생색도 내고 저항도 자제시킬 생각으로 노조 지도자들은 5월 13일 월요일에 경찰 폭력에 반대하는 하루 총파업과 대규모 시위를 벌이자고 제안했다. 이 파업과 시위가 안전판 구실을 하리라 기대했지만, 막상 결과는 정반대였다. 1000만 명이 일을 멈췄고 100만여 명이 파리 도심을 가로질러 행진했다.

공장과 노조 지부의 깃발을 앞세운 노조원 수십만 명이 3일 전 '바리케이드 전투' 때 나부낀 적기와 흑기를 든 대학생과 고등학생 수만 명과 합세했다. "학생, 교사, 노동자 모두 단결하자"고 적힌 커다란 현수막이 대열 앞에 섰다.

이번 파리 시위는 1944년에 나치 점령에서 해방된 이래 가장 큰 규모였다. 참가자 수에 고무된 노동자들은 자신에게 있는 힘을 새삼 깨달았다. 시위대는 평화롭게 해산했고 정부는 이것으로 학생들의 선동이 끝났다고 생각했다. 노동조합 지도자들도 똑같이 판단했다. 만약 낭트의 쉬드아비아시옹 항공기 공장 노동자들이 아니었다면 그 바람대로 됐을 것이다.

낭트가 앞장서다

그때까지 쉬드아비아시옹 노동자들은 화요일마다 상징적인 15분 파업을 벌여 왔다. 노동자들의 요구는 주문량 감소로 인한 조업단축을 핑계로 임금을 깎지 말라는 것이었다. 하루 총파업 이틀날인 5월 14일 화요일, 한 부서의 젊은 노동자들이 15분간의 항의 행동이 끝난 뒤에도 작업 복귀를 거부했다.

그 대신에 노동자들은 공장 안을 돌면서 지지를 모았다. 노동자들은 관리자를 몽땅 붙잡아 가두고서는 〈인터내셔널가〉를 쉴 새 없이 듣게 했다. 그동안 노동자 2000명이 공장 안에 바리케이드를 쌓고 점거 투쟁을 시작했다. 쉬드아비아시옹 공장은 비록 노동조합운동의 요새가 아니었지만, 항의를 주도한 부서에서는 트로츠키주의자들이 활동하고 있었다.

다음 날 루앙 근교의 르노 변속기 공장도 점거됐다. 새로 지은 이 공장에는 농촌에서 온 젊은 노동자들이 많았다. 그들은 투쟁을 해 본 적이 없었다. 13일 총파업 때도 소수만 참가했다. 이 젊은 노동자들은 1000만 명이 파업에 참여했다는 사실을 알고 나서 부끄러워했다. 15일 정오에 쉬드아비아시옹 소식을 접한 노동자들은 그 투쟁을 본떠서 부끄러움을 만회하기로 했다. 그래서 쉬드아비아시옹 노동자들처럼 관리자들을 가두고 바리케이드를 쌓은 다음 공장을 점거했다.

보베와 오를레앙의 록히드 공장, 플랭과 르망의 르노 공장 등 더 많은 공장들로 점거가 번졌다. 16일 밤, 파리에서 가장 크고 전통적으로 영향력이 막강한 르노 비양쿠르 공장이 점거됐다. 8만 명이 넘는 노동자들이 점거 투쟁에 나섰고, 모든 라디오와 텔레비전 방송이 속보로 점거 확산 소식을 알렸다.

르노 비양쿠르 공장 점거 투쟁이 그야말로 결정적이었다. 공산당은 점거를 중단시키려 했지만 성난 젊은 노동자들이 점거를 계속 밀어붙였다. 이 노동자들은 트로츠키주의 단체 노동자투쟁LO과 마오쩌둥주의 활동가들의 지도를 받았다. 공산당은 점거를 계속 반대하기보다 투쟁 지도부를 차지하는 게 낫겠다고 판단했다.

미셸 세르타노는 1958년 15세에 수습공으로 르노자동차에

취직했다. 1968년에 세르타노는 노총의 젊은 현장위원으로서 점거 투쟁을 이끌었다. 세르타노는 당시 투쟁의 중요성을 다음 과 같이 설명한다.

르노 비양쿠르 공장점거는 5월 16일 목요일에 시작됐다. 노동자들은 매일 열린 집회에서 파업 지속 여부를 놓고 투표했다. 우리 젊은이들은 밤낮없이 공장을 지켰고, 여러 점거 소식에 한껏 들떴다. 우리 공장에서는 2만 5000명이 파업했다. 르노 비양쿠르 공장에는 가장 많은 노동자가 일하고 있고 오랜 투쟁의 역사가 있었다. 바로 이런 이유로 우리 파업은 매우 중요했다. 우리가 점거에 들어가자 드골은 루마니아 방문 중에 황급히 귀국해야 했다. 총리 퐁피두는 이렇게 말했다. "문제가 심각해졌다!" 르노가 무엇을 상징하는지 모든 사람이 알고 있었다. 비양쿠르의 르노 공장은 프랑스에서 가장 큰 공장이었다.

점거 투쟁으로 계급의식이 급격히 고양됐다. 비양쿠르 공장 점거 첫날 밤, 노동자들은 "임금을 인상하고 연금을 확대하라"는 대형 현수막을 공장에 걸었다. 둘째 날, 노동자들이 어제 것을 내리고 새 현수막을 걸었는데, 내용은 좌파의 전통적 구호인 "사회당, 공산당, 노동조합의 연립정부 이룩하자"였다. 셋째 날, 노동자들은 또다시 새 현수막을 공장에 걸었다. 거기에는 "노동자의 자주관리 쟁취하자"라고 적혀 있었다.

오랜 공산당원이자 노총 지도자였던 조르주 세기는 5월 17일 금요일 기자회견에서 이렇게 시인했다. "이번 총파업은 지도부 선언 없이 확대되고 있으며, 노동자 자신의 책임 아래 확산하고 있다."

이날 모든 르노 공장이 점거됐고 점거 운동은 빠르게 퍼져 갔다. 라디오와 텔레비전, 공항, 주유소까지 폐쇄됐다. 1000만 명이 넘게 참여한 사상 최대의 총파업으로 나라가 온통 마비됐다.

운동의 기세에 놀란 프랑스민주노동연맹CFDT의* 한 지도자는 다음과 같이 경탄했다.

며칠 만에 사람들은 많은 것을 배웠다. 먼저 그 투쟁은 성과가 있었다. … 아무도 "그 늙은이[드골 — 지은이]"가 길거리에서 혼이 날 거라고 생각하지 못했다. 퐁피두는 항복했고 학생들이 소르본 대학을 점거했다. 5월 13일 시위 때 보여 준 힘이야말로 그 정점이었다. 해방 이래로 이런 적이 없었다. 사람들은 자기가 그토록 강하다고 느낀 적이 한 번도 없었다. 정부가 파업을 막으려고 세운 모든 장벽이 무너졌다. 공무원들은 필수적으로 파업 전 5일간 경고

기간을 둬야 했다. 그런데 이것을 무시하고 파업에 들어간 교사들이 해직되지 않았다. 우편 노동자들도 마찬가지였고, 정부는 국민이 법을 준수하도록 만들 수 없었다. … 직장폐쇄는 없었다. 고용주들이 그 결과를 겁냈기 때문이다. 이것으로부터 노동자들은 잘 싸우면 승리할 수 있을뿐더러 위험 부담도 매우 적다는 것을 깨달았다.

프랑스는 서서히 멈췄다. 방대한 경제 영역에서 점거 투쟁이 벌어졌다. 모든 자동차 공장과 조선소, 거의 모든 항공우주 산업이 점거됐고, 파리와 노르망디의 기계 산업도 대부분 점거됐다. 점거 투쟁은 철도와 학교, 병원, 은행, 보험사, 인쇄소, 백화점으로도 확대됐다. 박물관과 미술관, 극장, 촬영소에서 일하는 노동자들도 전부 투쟁에 동참했다. 폴리베르제르의* 무용수들도 운동에 참가했고, 영화감독들은 연대의 의미로 칸 영화제에 출품하지 않았다. 심지어 프로 축구 선수들도 프랑스 축구협회 본부를 점거했다.

〈옵서버〉의** 파리 특파원은 다음과 같이 보도했다.

• 폴리베르제르 파리 몽마르트르에 있는 뮤직홀.

•• 〈옵서버〉 영국 일간지 〈가디언〉의 일요판.

전국의 공장과 조선소, 광산, 철도 차량 기지, 버스 차고지, 우편 분류소를 노동계급의 힘이 조용하고 압도적이며 거역할 수 없이 물결치며 휘감았다. 철도, 우편, 항공은 사실상 멈췄다. 화학, 철강, 금속가공, 섬유, 조선 산업과 기타 20개쯤의 산업에서 생산이 중단됐다. 주요 산업에 종사하는 거의 100만 명의 남녀가 자기 사업장을 장악하고 문을 걸어 잠갔다.

이런 대규모 운동이 벌어지면 누가 사회를 운영하는지를 놓고 물음이 제기되기 마련이다. 낭트에서는 중앙파업위원회가 시청을 접수했다. 중앙파업위원회는 도로에 방어벽을 세우고 통행증과 휘발유 교환권을 발급했다. 노동자위원회들은 지역 농민과 협상해 싼 가격에 식품을 공급하고, 노조들은 상점이 폭리를 취하지 못하도록 가격을 규제했다. 이런 위원회들이 여러 지역에 설립됐다. 위원회는 쓰레기 수거 같은 실무 처리뿐만 아니라 전단과 선전물 제작도 했다.

노동자들은 자신이 사회를 접수해 운영할 수 있다는 것을 보여 줬다. 5월 마지막 2주 동안 드골 정권은 혼란에 빠졌다. 드골은 철권통치를 해 왔다. 이제 그자는 비웃음의 대상이 됐다. 파업 탓에 드골은 아무 일도 할 수 없었다. 크리스 하먼은 1968년을 다룬 《세계를 뒤흔든 1968》에서 다음과 같이 설명했다.

여러 지표들은 많은 소상인과 사업가가 드골을 지지했다는 것을 말해 준다. 부유한 농민도 대부분 마찬가지였다. 파업에 참가한 사람들 중에도 우파 사상이나 드골주의 사상을 떨치지 못한 채 임금 인상만을 바라며 수동적으로 파업에 끌려가는 사람들도 있었다. 이런 집단이 매우 부유한 사람들과 함께 인구의 다수였을 수도 있다. 그러나 5월 15일부터 29일까지 이런 사람들은 문제가 되지 않았다.

정부는 점점 고립됐고, 스스로 막다른 골목에 부딪혔음을 깨달았지만 빠져나올 탈출구를 찾지 못했다. 물론 군대와 경찰이 있었지만 노동자 대중과 전면전이 벌어질 때 정부는 얼마만큼 그 군대와 경찰에 의지할 수 있었을까?

16만 8000명의 군인 중 12만 명이 징집병이었고, 그중 일부는 노골적으로 파업에 동조했다. 좌파 주간지 〈누벨 옵세르바퇴르〉의 보도에 따르면, 파업을 진압하려고 5군에 경계령이 내려지자 "위원회들이 꾸려져서 상관에게 항명하고 출동을 거부할 조짐이 나타났다."

5월 15일에 경찰 노조 사무총장은 라디오 방송에서 다음과 같이 경고했다. "난 노조 총회에서 대정부 파업 선언을 위임받을 뻔했다." 5월 24일 밤에 드러났듯이, 진압경찰은 아직도 학생들을 짓밟을 수 있었다. 그러나 조직 노동자 대중에 대한 공격은 달랐다. 조금이라도 경찰이 명령을 거부할 가능성을 보이면 정부는 굳이 그런 위험을 무릅쓰려고 하지 않았다. 경찰의 반란은 최후의 패배를 의미하기 때문이었다.

조롱당한 드골

정부는 이토록 무능했다. 파업과 점거가 한 주를 넘기자 드골은 방송으로 "재신임 국민투표"를 실시하겠다고 공표했다. 투표에서 지면 사임하겠다는 것이었지만, 조롱거리만 됐다.

정부가 신뢰를 회복하려면 파업을 반드시 끝내야만 했다. 그래서 방송 이틀날, 총리 조르주 퐁피두가 노조 지도자들과 기업주들을 불러들여 협상을 벌였다. 타협이 이뤄진 듯했다. 이 그르넬 협정으로 최저임금이 35퍼센트 오르고 그 외 모든 임금이 7퍼센트 인상됐다.

그러나 합의안은 점거 중인 공장의 조합원 총회에서 찬반투표를 거쳐야 했다. 이 총회가 처음 열린 곳은 노총의 아성인 르노 비양쿠르 공장이었다. 노총의 주요 간부 2명이 그르넬 합의안 동의를 요청하자 노동자들은 차갑게 침묵했고, 곧이어 야유가 쏟아졌다. 소수 노조인 프랑스민주노동연맹의 지도자가 나와, 이 협정을 체결하더라도 지부 요구를 따낼 파업을 지속할 수 있다고 강조하자 격한 환호가 쏟아졌다.

르노의 주요 공장이 모두 파업과 점거를 이어 가기로 결정했고, 소규모 공장들은 대공장 노동자들의 결정을 따르기로 했다. 노총 지도자들은 하루 만에 태도를 바꿔 현장에서 공장마다 싸워서 그르넬 협상보다 더 나은 성과를 따내라고 촉구했다. 총파업이 계속됐고 드골주의는 끝장난 것처럼 보였다.

드골은 기가 죽은 나머지 5월 29일에 독일로 달아났다. 벌써 사임했다는 소문도 파다했다. 전 세계 언론들이 "프랑스의 5월 혁명"이라며 들썩였다. 만약 노동자 권력 요소들의 발전을 촉진했다면, 혁명이 벌어질 수도 있었다. 그러나 운동은 오히려 자신의 관료들한테 짓눌렸다.

막강한 프랑스 공산당이 드골과 지배계급을 영원히 제거할 기회를 날려 버렸다. 공산당은 총선과 대폭적 양보를 약속받는 대신 통제권은 사장들한테 넘겨주자고 노동자들을 구슬렸다. 공산당은 1936년 이래 지속해 온 모리스 토레즈 노선을 그저 되풀이했고, 또다시 "우리는 파업을 끝낼 줄도 알아야 한다" 하고 말했다.

왜 이렇게 느닷없이 태도가 180도 바뀌었을까? 무엇보다 공산당은 의회 안 세력 강화를 바랐다. 그러자면 공산당이 노동계급 다수의 지지를 받는다는 점을 잠재적 동맹들에게 증명해야 했다. 공산당 지도부는 파업 운동의 지휘권을 쥐고서 확실히 단속하는 것이 가장 좋은 방법이라고 생각했다.

노조와 공산당 활동가들은 자생적으로 시작된 파업을 지지하는 데 그치지 말고 그 안에서 주도권을 잡으라는 지시를 받았다. 하먼은 이것을 다음과 같이 설명했다.

이중의 과제가 주어졌다. 하나는 파업 운동을 확산시키는 동시에 통제하는 것이고, 다른 하나는 운동을 안전한 노동조합 투쟁의 틀 안에 국한시켜 혁명적 그룹이나 급진적 학생들의 영향력을 차단하는 것이었다.

이것의 의미는 비양쿠르의 르노 공장에서 잘 드러났다. 소르본 대학을 출발한 학생들이 파리 전역을 가로질러 '대장정'을 벌이며 공장을 지지 방문했다. 그러나 학생들을 맞이한 것은 노동자들에게 접근하지 못하도록 줄지어 막아선 노총의 현장 간부들이었다. 이런 일이 공장마다 작지만 비슷하게 되풀이됐다. 학생운동이 노동자들의 투쟁을 고무했을 텐데도 노총과 공산당은 한사코 혁명적 학생들이 '자기' 노동자들에게 영향력을 미치지 못하게 막아섰다.

노조와 공산당 활동가들은 평범한 노동자들이 점거에 참여하지 못하게 하고 투쟁이 분출하면서 제기된 정치적 쟁점을 토론하지 못하도록 막아 통제력을 지키려 했다. 가끔 안 먹힐 때도 있었지만 꽤나 자주 통하는 방법이었다.

한 역사가가 이런 행태를 다음과 같이 기록했다.

5월 17일 이후 노총의 최대 관심사는 자기 활동가들이 현장에서 선출된 파업위원회를 되도록 많이 장악하도록 하는 것이었다. 노동자들이 점거파업에 대거 참가하고 수많은 토론과 논쟁이 벌어진 곳들도 있었다. 그러나 대개는 노조 간부들만의 행동이었고, 최소 인원의 피켓 대열과 유지보수 노동자들만으로 공장 전체를 점거했다. 파업 노동자 대부분은 십중팔구 집에서 텔레비전이나 라디오 방송으로 사태 추이를 지켜보며 지지를 보낼 뿐이었다.[9]

설상가상으로 노총 지도자들은 파업위원회들을 서로 떼어 놓으려고 무진장 애썼다. 예컨대 5월 23일, 르노 비양쿠르 공장 노총 지부는 플랭 공장에서 온 파업 노동자 대표단을 되돌려 보냈다. 그 결과 파업위원회 사이에 네트워크가 꾸려지지 않았다.

그르넬 협상이 실패해 파업을 끝내지 못하자 주류 정치인들은 모두 드골 정권이 끝났다고 여겼다. 그러나 그르넬 합의안 거부는 드골과 퐁피두뿐만 아니라 공산당과 노조의 지도자들에게도 큰 골칫거리였다. 공산당과 노조 관료들은 정부 타도를 맘먹은 적이 결코 없었다. 관료들은 그저 파업과 점거를 교섭 도구로 써먹고 싶을 뿐이었다. 이제 사태가 자기 손아귀를 벗어나자 관료들은 겁에 질렸다.

독일 주둔군 사령관 마쉬가 계속 싸우라고 설득한 끝에, 드골은 이튿날 프랑스로 돌아왔다. 드골파들은 정부 지지자들이 모두 모여 시위를 벌이자고 촉구했다. 드골은 라디오와 텔레비전 방송으로 대국민 성명을 발표해 필요하면 무력을 써서라도 권력을 지킬 것이고, 의회를 해산하고 총선을 실시할 것이라고 밝혔다.

드골의 호소에 화답해 부유층과 우파 50만 명이 6월 1일 토요일 저녁 콩코르드 광장에 모였다. 그날 밤 경찰이 기차역에서 피켓 대열을 쫓아내고 철도 파업을 깨부수려고 했지만, 노동자들은 업무 복귀를 거부했다.

드골 정권의 진짜 약점이 드러났다. 이 모든 것은 드골이 지지자들 앞에서 부린 허세에 불과했다. 그러나 공산당과 노동조합 지도부, 사회당의 개혁주의 좌파는 결코 그 허점을 파고들지 않았다. 모두 드골의 연설을 비난하면서도 총선 제안은 재빨리 수용했다. 이튿날 노총 지도자 세기는 성명을 내 "노동자들의 변화 염원을 선거로 표출할 길이 열렸다" 하고 말했다.

공산당과 노총 모두 선거를 준비하고 후보를 내려면 한시바삐 파업과 점거를 끝내야 했다. 3일 만에 협상이 마무리돼 발전, 에너지, 우편, 운수 등 주요 공공서비스 노동자들이 일터로 되돌아갔다. 경찰이 토요일 저녁에 이루지 못한 일을 노총이 화요일에 마무리했다.

선거를 대가로 파업과 점거를 끝내려 하자 거센 분노가 일었다. 수만 명이 파리에서 시위를 벌이며 "총선은 배신이다, 투쟁은 계속된다" 하고 외쳤다. 수많은 노동자들이 일터에 복귀하기를 거부했고, 심지어 복귀한 노동자 일부는 재파업에 나서려했다. 한 노동조합 간부는 다음과 같이 지적했다.

돈 문제나 다른 어려움이 있긴 했지만 파업은 마치 축제 같았다. 2~3주 동안 파업 참가자들은 속박에서 벗어나 완전한 자유로움을 누렸다. 고용주도 직장 상사도 없었고, 위계질서도 사라져 버렸다. 그래서 파업 철회 전에 사람들은 망설였다.

불행히도 거대한 사회적 무게를 지닌 공산당과 노총을 거스를 수 있는 투사들이 너무 적고 드물었다. 파업위원회 사이의 네트워크도 없었다. 1968년 반란이 시작될 무렵에 혁명적 좌파들은 몹시 취약했다. 마오쩌둥주의 단체와 트로츠키주의 단체를 통틀어도 1000명이 안 됐다. 회원 대부분이 학생이었고, 노동계급 안에 뿌리내린 조직은 거의 없었다.

5월을 거치며 극좌파들이 크게 성장했지만 주로 학생들로 충원됐다. 때때로 큰 어려움이 있었으나 공산당과 노총은 파업을 훨씬 수동적으로 만들고, 공장점거 운동에서 학생 혁명가들을 배제할 수 있었다.

드골 정권은 재정비할 시간을 벌었다. 점거 투쟁은 끝났고,

대중운동은 임금 인상, 휴가 확대, 노조 권리 증대 같은 상당한 경제적 이득을 대가로 내팽개쳐졌다. 공산당은 일터가 다시 돌아가도록 갖은 수단을 다 썼다.

투표일 즈음 혁명적 좌파의 활동이 금지됐고, 기층의 노동자들과 활동가들은 혼란에 빠지고 사기가 떨어졌다. 대중운동을 보고 겁먹었던 우파들은 '실력자' 드골 뒤에 모여들었고, 결국 드골이 선거에서 이겼다. 선거 결과에 많은 좌파들이 경악했지만, 노동자들의 자신감은 수도꼭지 여닫듯 마음대로 할 수 있는 게 아니라는 점이 드러난 것이었다.

공산당의 총선 욕심

프랑스 공산당은 이미 오래전에 노동계급의 자력 해방 사상을 완전히 포기했다. 이런 정치 탓에 공산당은 실로 역사적인 투쟁이 한창일 때 수치스러운 짓을 서슴없이 저질렀다. 공산당은 선거 욕심에 활발히 벌어지던 운동을 팽개쳐 버렸는데, 그렇다고 선거에서 이득을 보지도 못했다.

그러나 프랑스의 5월 투쟁은 노동자 반란이 갑작스레, 그것도 노동자 자신이 거의 예기치 못한 상황에서 터질 수 있다는 점을 보여 줬다. 이 사건은 영국 좌파에게도 큰 영향을 미쳤다. 해럴드 윌슨 정권의 과학기술부 장관 토니 벤은[*] 1968년 5월 말 한 연설에서 프랑스의 반란이 갖는 의미를 이렇게 지적했다. "국민의 정치적 소임을 5년에 한 번씩 하는 투표로 제한하는 체제가 영원하리라고 생각한다면 분명 오산이다."

새로 창간된 혁명적 신문 〈블랙 드워프〉는[**] 1968년 6월 호의 머리기사 제목을 이렇게 달았다. "우리는 싸울 것이다, 우리는 이길 것이다, 파리와 런던과 로마와 베를린에서."

〈소셜리스트 워커〉 1968년 6월 호에는 국제사회주의자들 회원의 프랑스 현지 취재기가 다음과 같이 실렸다.

선진국에서 벌어지는 혁명은 시대의 명령이다. 오늘은 프랑스가 반란에 휩싸였지만, 내일은 스페인이나 영국, 이탈리아에서도 반란이 일어날 수 있다. 학생의 구실 또한 명백해졌다. 학생들이 비록 사회 변화의 주체가 될 수는 없지만, 그 과정에서 촉매 구실을 할 수 있다. 프랑스의 학생운동은 노동자들의 불만을 폭발시키는 기폭제가 됐고, 학생들의 새로운 사회질서 요구는 많은 노동자들의 생각을 대변했다.

- **토니 벤** 2014년에 작고한 노동당 좌파 정치인.
- **〈블랙 드워프〉** 국제적으로 저명한 저술가이자 좌파 활동가인 타리크 알리가 1968~1970년에 편집을 맡았던 영국의 혁명적 신문.

그러나 〈소셜리스트 워커〉는 어려움과 장애물도 직시했다. 특히 개혁주의의 장악력과 혁명 조직의 결여를 두고 다음과 같이 지적했다.

프랑스 노동자들에게 가장 심각한 문제는 대중파업을 명확히 주장하고 설득할 혁명 조직이 전혀 없다는 점이다. 그래서 투쟁 현장에 프랑스 공산당이 판치고 있다.

1968년의 영향

프랑스의 거대한 반란 이후 1969년 이탈리아에 "뜨거운 가을"이 도래했다. 이탈리아의 자동차 대공장들에서 자생적으로 파업과 점거가 벌어지고 경찰과 거리 시위대가 격돌했다.

그 전해에 이탈리아의 대학교와 고등학교에서는 점거 투쟁이 잇달아 일어났다. 토리노에서는 "뜨거운 가을"에 앞서 임금과 주택 문제를 둘러싼 파업이 벌어져 학생과 노동자, 숙련 노동자와 미숙련 노동자가 서로 단결할 수 있었다.

수많은 좌파 단체들이 생겨났고, 그중 로타콘티누아는* 토리

---

* 로타콘티누아 투쟁은 계속된다는 뜻의 좌파 단체.

노에서 영향력이 셌다. 피아트 미라피오리 공장이 로타콘티누아의 활동 중심지였다. 토리노와 밀라노 노동자들은 학생 좌파들의 반전·반자본주의 구호를 받아들였다.

공장위원회가 소집한 노동자 총회에서 노조와 무관하게 노동자 대표들을 뽑으면서 새로운 형태의 조직이 출현했다. 새로운 투쟁 방식도 기획됐는데, 이를테면 스톱 앤드 고와* 준법투쟁, 노동자들이 공장을 돌며 행진을 벌이고 공장을 장악하는 내부 시위 등이었다.

파업은 1969년 가을이 지나고도 계속됐다. 로타콘티누아와 또 다른 혁명 조직 세 곳이 작은 그룹에서 정당으로 성장했고, 저마다 1만 명이 넘는 당원과 광범한 지지자를 모았다.

1969년 아르헨티나에서는 코르도바의 자동차 노동자들이 군부에 맞서 투쟁하며 공장을 접수했다. 이것은 코르도바소라고 불린 봉기에 가까운 사건으로 발전했다. 5월 말에 자동차와 발전소 노동자들이 총파업을 '적극적 파업paro activo'으로** 전환하기로 결정했다. 노동자 대열이 코르도바 도심으로 행진해 경찰을 쫓아내고 시내 중심가를 장악했다.

● **스톱 앤드 고** 태업과 비슷하게 작업 중단과 복귀를 반복하는 전술.

●● **적극적 파업** 코르도바소 당시 노동자들의 단결을 과시하고 투쟁성을 고무하려고 총파업과 거리 시위를 결합했던 투쟁 방식. 출근하지 않고 집에 머물게 하는 소극적이고 열의 없는 투쟁에 반대한 전술이다.

곧바로 군인 5000명이 투입돼 노동자들은 퇴각해야 했지만, 자기 공장을 점거했다. 이어진 전투와 진압 과정에서 노동자들이 살해되기도 했지만 투쟁은 멈추지 않았다. 코르도바소 봉기를 시작으로 3년 동안 대중파업과 공장점거, 격렬한 시위가 이어졌다.

1970년 11월 칠레에서는 사회주의자 살바도르 아옌데가 대통령으로 선출돼 민중연합 정부가 들어섰다. 아옌데의 집권은 계급투쟁 상승을 반영했다. 자본가들이 변화 움직임을 사보타주하려 들자 노동자들이 토지와 공장을 장악했다. 노동조합의 관리 아래 생산이 계속됐다. 이런 투쟁을 거치며 노동자들은 '코르돈'을 세웠는데, 바로 혁명적 상황에서 언제나 나타나는 노동자평원회의 칠레판이었다.

그런데 민중연합 정부는 노동자들의 이런 열망이야말로 정부 존립을 가장 크게 위협한다고 여겼다. 아옌데는 군대를 불러들여 질서를 회복하고 공장을 사장들에게 돌려주려고 했다. 사회주의자들이 아옌데에게 지배계급이 쿠데타를 모의하고 있다고 경고했지만, 아옌데는 바로 그 군대에게 수사를 요청했다. 군 장성들이 주도권을 장악했고 마침내 1973년 9월 끔찍한 반혁명을 일으켰다.

프랑스 총파업 6년 뒤인 1974년, 포르투갈에서 계급투쟁이 솟구쳐 올라 1920년대 이래 나라를 통치해 온 파시스트 독재 정권을 타도했다. 포르투갈은 유럽 최초의 식민주의 강대국이었다. 1974년에 포르투갈은 아프리카 식민지를 유지하려고 벌인 전쟁에서 패배하고 있었고, 20만에 달하는 군대가 유럽에서 가장 가난한 나라의 예산을 반이나 잡아먹고 있었다.

4월 25일에 장교 일부가 쿠데타를 일으켜 독재자 카에타누를 몰아내자 투쟁이 폭발해 하룻밤 새에 거대한 노동계급 운동이 출현했다. 이 투쟁으로 새로운 보수 정권이 집권하는 것을 막을 수 있었고, 노동자들과 병사들이 더욱 급진화했다.

전국의 공장들에서 노동자위원회가 선출됐다. 대기업과 다국적기업의 노동자들은 경제적 요구와 함께 '사네아멘투'를 제기했다. 사네아멘투란 파시스트 정권과 결탁했던 경영자와 관리자를 숙청하는 것이었다. 거대한 리즈나브와 세테나브 조선소가 점거됐다. 5월에 광원들이 파업을 벌여 최저임금과 무상 의료, 유급휴가를 보장하고 파시즘과 연계된 관리자들을 모두 추방하라고 요구했다.

리스본, 알쿠셰트, 포르투, 코임브라의 파이어스톤 노동자들이 공장을 점거했다. 플레시, 타이멕스, 아이티티 같은 외국 기업은 자본을 빼돌리기 시작했고, 공장을 폐쇄하고 사업을 이전하려 했다. 노동자들은 공장 접수로 대응했다. 6월에는 국영 항공사 TAP의 노동자 3000명이 회사 본관을 에워싸고 경영자들을 사무실에 가둔 뒤 임금 인상을 요구했다.

언론 통제권을 둘러싼 커다란 투쟁이 벌어져 노동자들이 신문사와 라디오 방송국을 점거하고 관리했다. 노동자들은 지역 공동체별로 보건과 교육, 주택, 교통을 스스로 관리했다. 텅텅 빈 부자 소유의 집들이 접수돼 수많은 빈민들에게 제공됐다. 몇 달 만에 노동자들은 사회주의 혁명을 의제에 올려 놨다.

혁명적 단체들과 좌파가 '군인운동'에 영향을 미쳐 옛 권력 구조가 거의 붕괴할 지경까지 사태를 밀어붙였지만, 포르투갈 공산당과 사회당의 영향력을 이겨 내지는 못했다. 공산당과 사회당은 국가 체계를 되돌려 놓는 데 앞장섰고, 노동자들이 행동에 나서지 못하도록 막을 수 있었다. 유럽의 자본가들은 안도의 한숨을 내쉬었다.

프랑스의 반란은 영국에도 큰 영향을 미쳤다. 우경화한 노동당 정권이 현장조합원 활동을 법적으로 규제하려 했지만 1969년의 노동계급 저항으로 무산됐다. 1970년 총선으로 강경한 보수당 정권이 들어섰지만, 1973년 말 대규모 파업에 속수무책이었다. 1974년 2월 정부는 완전히 궁지에 몰렸다. 광산 파업으로 공포에 질린 정부는 "누가 통치할 것인가"를 표어로 내걸고 총선을 실시했다. 보수당은 선거에서 패배했다.

chapter 8

1970년대 영국: 공세에 나선 노동자들

영국 역사상 정권이 노동자들에게 이토록 연거푸 패배를 당한 적은 없었다.

앤서니 바넷, "계급투쟁과 히스 정권", 《뉴 레프트 리뷰》 77호(1973년 1/2월)

1971년 영국 어퍼클라이드조선소 자주관리 투쟁. 노동자들이 폐업에 반대해 조선소를 점거한 뒤 생산을 지속했고, 200여 건의 점거파업을 촉발했다.

영국 최초의 공장점거는 1971년 7월 어퍼클라이드조선소[이
하 UCS]에서* 벌어졌다. 이 점거 투쟁으로 수많은 사람들이 고무
받았고, 작심하고 노동자들을 공격하던 보수당 정권은 큰 타
격을 입었다.

UCS에서 노동자 자주관리work-in를** 촉발한 것은 실업 증대
와 글래스고의 조선소 4곳 중 2곳을 폐쇄하고 대규모 정리해
고를 실시하겠다는 보수당 정권의 결정이었다. UCS 투쟁의 구
호, "노동권을 보장하라"는 순식간에 인기를 얻어 노동자들이

————————

• 어퍼클라이드조선소 1968년에 스코틀랜드 클라이드사이드의 주요 조선소 4곳
  이 합병돼 만들어진 회사.

•• 노동자 자주관리 노동자들이 생산을 자주적으로 관리하며 사업장 폐쇄를 막
  는 점거 전술.

곳곳에서 애용했다. 정치적 한계와 별개로 UCS 자주관리는 전국에 점거 투쟁의 불을 붙이고, 노동자들이 정리해고와 폐업에 맞서 싸우도록 고무했다.

1960년대 중반까지 이어진 전후 호황 덕에 완전고용이 이뤄지고, 노동자들은 엄청난 자신감과 교섭력을 얻었다. 당시에 유럽의 다른 나라들에서는 파업을 "영국병"이라고 불렀다. 이렇게 노동조합운동이 매우 강력했지만, 정리해고 문제만은 1971년 이전까지 그 운동의 치명적 약점이었다.

해럴드 윌슨의 노동당 정권이 1965년에 정리해고보상법을 도입했다. 이 법은 노동자들과 노조 지도자들이 싸움 없이 해고를 받아들이게 하려고 제정됐다. 대략 5년 동안은 잘 먹혀들었다. 해고가 아니라 퇴직금 문제로 초점이 돌려져 저항이 약화했다.

노조 활동가들은 임금과 노동조건을 놓고는 투쟁할 자신감이 있었지만, 신기술과 구조조정, 폐업 문제에 부닥쳤을 때는 그저 무기력했다. "신참자 우선 해고", "희망퇴직", "조기 퇴직", "자연 감소" 등 노조가 채택한 요구는 죄다 수세적이고 타협적이었다. 1965~1970년에 총 파업 일수는 25퍼센트 늘었지만, 정리해고에 맞선 파업만 따지면 반으로 줄었다. 이 기간 내내 실업이 늘어난 것과 대비됐다.

전후 호황의 종료

전후 장기 호황이 끝나자 실업과 해고가 급증했다. 정리해고에 처음으로 제대로 맞서 싸워 보려는 시도는 1969년에 나타났다. 리버풀의 제너럴일렉트릭컴퍼니에서* 1700명이 해고되자 노동자들이 공장을 점거하기로 결정한 것이다. 그런데 점거 개시 이틀을 앞두고 열린 총회에서 결정이 뒤집혀 정리해고가 그대로 진행됐다. 그 뒤 점거 전술이 다시 등장하는 데까지는 2년이 더 걸렸다.

이때껏 영국 노동자들은 공장점거에 나설 기회를 놓쳤지만, 1971년 여름 이후 확실히 만회했다. UCS 노동자 자주관리를 계기로 노동자들이 해고에 반대해 전투적 점거파업에 나섰고 대부분 승리했다. 1972년 초에 그레이터맨체스터 주의 30여 개 공장에서 점거가 벌어졌는데, 해고에 반대한 싸움이 아니라 금속 노동자들의 임금 인상 투쟁이었다.

점거파업을 임금과 노동조건을 개선할 공세적 전술로 택하는 일이 점점 늘어나 생산직을 비롯해 사무직과 공공부문까지 퍼졌다. 이 파업들은 보수당 정권을 무너뜨리고 사장들을 벌벌 떨게 만든 강력한 대중운동의 일부이기도 했다. 로이든 해

• 제너럴일렉트릭컴퍼니 지금은 없어진 영국 전자 기업.

리슨은* 이 상황을 다음과 같이 썼다.

> 1970~1974년의 노동자 대투쟁은 앞선 1910~1914년의 노동자 대투쟁보다 훨씬 거대하고 성공적이었다. 정부의 노사관계법과 주택재정법에 저항해 수많은 사람들이 시민 불복종 운동을 벌였다. 1972~1974년에만 공장과 사무실, 조선소에서 200건이 넘는 점거파업이 벌어졌고, 대다수 현장에서 목표를 모두 또는 거의 이뤘다.[10]

1970년대 초가 영국 계급투쟁의 다른 절정기와 구별되는 점은 반란 규모나 전투적 전술 채택만이 아니라 놀랄 만한 승리를 거뒀다는 점이다.

그런데 UCS 점거 직전인 1970년의 상황은 지금과 아주 비슷했다. 자본주의가 제2차세계대전 이후 처음으로 진짜 위기에 빠져들었고, 미국은 장기화되고 이길 가망 없는 베트남 전쟁의 수렁에 잠겨 헤어나지 못했다. 오랜 안정기에서 벗어나 인플레이션이 심화했으며, 영국의 자본주의는 차츰 쇠퇴해 지배계급이 위기감에 휩싸였다.

비슷한 점들은 더 있었다. 실업이 늘어나고 인종차별과 이민

• 로이든 해리슨 영국의 노동사 연구자이자 노동 교육자.

규제가 강화돼고 국민전선* 같은 나치가 판쳤다. 노동당은 집권 6년 동안 지지자들의 사기를 꺾어 놓은 결과 1970년 선거에서 패배했다. 35년 만에 가장 낮은 투표율과 노동당 지지율의 급락으로 에드워드 히스를 앞세운 보수당이 손쉽게 집권할 수 있었다.

히스 정권의 정책은 1930년대 이래 그 어떤 정부보다 우파적이었고, 실업 증대와 강력한 임금 억제, 노동 악법 등을 고루 활용해 노동자 조직을 깨뜨리기 시작했다.

보수당 정권의 맹공격은 처음에 크게 성공했다. 실업이 급격하게 늘고 엄격한 노사관계법이 도입됐지만, 영국 노총TUC은 아무런 대응도 하지 않았다. 그리고 발전 노동자들과 우편 노동자들의 첫 전국 총파업이 패배한 뒤 정부는 임금 억제를 강력히 시행했다.

어퍼클라이드조선소 투쟁

판세를 뒤집은 것은 어퍼클라이드조선소UCS에서 벌어진 투쟁이었다. UCS 노동자들이 1971년 7월에 조선소를 접수해 보

---

* 국민전선 당시 영국의 극우 파시스트 정당.

수당 정권이 바로 1주일 전에 시행한 노동 악법에 최초로 저항했다.

산업부 장관 존 데이비스 경이 1971년 2월에 UCS 같은 "레임덕" 기업에 쓸 돈 따위는 없다고 발표했을 때, 대량 해고는 불을 보듯 뻔했다. 6월에는 600만 파운드의 정부 지원금을 지급해 달라는 UCS 경영진의 요청도 거부했다. 조선소 4곳의 합병으로 만들어진 이 회사는 망할 수밖에 없었다.

6월 24일에 글래스고의 노동자 10만 명이 일을 멈추고 5만 명이 도심에서 행진을 벌였다. 노동자들은 정부가 나서서 UCS의 일자리를 지키라고 요구했다. 스코틀랜드 서부의 모든 공장에서 온 대규모 대표단이 함께 행진했고, 잉글랜드에서도 대표단을 보내왔다. 1926년 총파업 이래 글래스고에서 벌어진 가장 커다란 행진이었다.

데이비스는 이런 저항에도 아랑곳없이 6월 29일 국회에 출석해 정리해고와 UCS 청산을 못 박았다. 조선소 4곳 중 2곳이 문을 닫고 8500개의 일자리 가운데 6000개가 곧바로 없어질 참이었다. 조선소와 관련된 일자리에 종사하는 노동자 4만 명도 실직 위험에 빠졌다. 1970년 클라이드사이드의 실업률은 전해에 비해 40퍼센트나 늘었다. 글래스고의 조선업이 끝장나지 않을까 사람들은 두려워했다.

바로 다음 날 노동자들이 조선소들을 접수했다. 공산당원

지미 리드와 지미 에얼리의 정치적 영향력 아래 UCS 공동현장위원회가 점거를 이끌었다. 현장위원들은 점거파업이 아닌 "노동자 자주관리"를 택했다. 이때의 노동자 관리는 청산인과 협력해 건조 중인 배를 완성하자는 것이었다. UCS 투쟁은 여론전을 무엇보다 중시했고, 노동자 자주관리를 스코틀랜드판 민중전선으로 간주하며 정부와 충돌을 피하려 했다.

그럼에도 UCS 노동자들은 "노동권을 보장하라"는 요구를 말뿐 아니라 실천으로 보여 줬다. UCS 노동자들의 자주관리는 분위기 반전의 신호탄이었다. 정리해고가 필연적이지도 않고 그것을 용인할 수도 없다는 생각이 퍼졌다. 이 투쟁으로 수많은 투사들이 희망에 부풀었다. UCS는 보수당 정권을 몰아내길 바라는 모든 사람들의 상징이자 초점이 됐다.

다른 노동자들이 보인 첫 반응은 무척 놀라웠다. 8월 10일에 스코틀랜드 서부의 모든 주요 공장에서 온 현장위원 1200명이 글래스고에 모여 UCS의 노동자 자주관리를 지원하기로 결의하고, 각 사업장에서 매주 기금을 모으고 2차 하루 연대파업을 벌이기로 했다.

1주일 뒤 스코틀랜드 노동자 20만 명이 연대파업을 벌였고, 8만 명이 글래스고그린 공원으로 행진해 집회를 열었다. 정부는 수세에 몰렸고, 스트래스클라이드 주* 경찰청장은 다우닝 가에** 전화를 걸어 UCS에 공권력을 투입한다면 더는 글래스고 거리의 치안을 보장할 수 없다고 경고했다.

당시 장관을 지낸 피터 워커는 나중에 이렇게 시인했다. "뭔가 조치를 취하지 않으면 글래스고에 이 나라에서 본 적 없는 사회적 무질서가 발생할 것이라는 의견들이 실제로 있었다." 그래서 UCS의 노동자 자주관리는 어떤 공격도 받지 않고 계속될 수 있었다. 이 투쟁은 대중의 감정을 잘 담아냈고, 노동당과 노동조합 관료 전체가 지지할 수밖에 없었다.

사업장 수천 곳에서 후원금을 마련하려고 조합비를 올리고 기금도 모았다. 영국과 전 세계의 노동조합이 앞다퉈 재정을 후원했다. 개인들의 기부도 쏟아졌다. 그때 빨간 장미 한 다발과 1000파운드짜리 수표와 함께 엽서 한 장이 배달됐다. 엽서에는 이렇게 적혀 있었다. "민중에게 권력을, 존 레논과 오노 요코 드림."

1972년 2월 보수당 정권은 조선소 4곳 중 3곳을 살리는 데 정부 지원금 3500만 파운드를 투입하겠다는 종합 대책을 내놓을 수밖에 없었다. 투쟁은 10월까지 계속돼 결국 남은 조선

---

* 스트래스클라이드 주 스코틀랜드 남서부의 주. 글래스고가 주도다.
** 다우닝 가 총리 관저가 있는 런던의 거리로 흔히 영국 정부를 뜻한다.

소도 미국 기업이 인수했다.

UCS 노동자 자주관리는 15개월이나 계속됐다. 양보 조처는 사업장별로 달랐고 인원이 감축된 채 조선소가 재가동됐다. 그러나 보수당 정권은 굴욕적으로 정책을 전환해야 했다. 레임덕에 빠진 것은 정부였다.

UCS 투쟁은 많은 한계가 있었지만 분명 중요한 전환점이자 저항의 신호탄이었다. 《인터내셔널 소셜리즘》은 당시에 다음과 같이 지적했다.

투쟁 성과야 어찌 됐든 UCS 노동자 자주관리의 의의는 정리해고나 경영진이 정리해고를 일방적으로 시행할 권한을 노동자들이 받아들이지 않았다는 점이다. 이제 해고 위협에 처한 모든 노동자들은 새로운 방식의 저항을 기꺼이 논의하려 한다. 노조 지도자들이 아무리 투쟁을 억누르려 해도 UCS 노동자들이 내놓은 발상은 운동 안에서 반드시 확산될 것이다.

200여 건의 점거 투쟁

UCS 노동자 자주관리는 다른 노동자들이 더 공세적으로 점거파업을 벌이도록 자극했다.

첫 사례는 글래스고 근처 베일오브레븐의 플레시 어뢰 공장 점거 투쟁이었다. 그곳은 소규모 사업장이었고 노동자는 대부분 여성이었다. 전면 폐업에 맞서 노동자들은 온 힘을 다해 점거 투쟁에 나섰다. 노동자 자주관리를 고려할 필요는 전혀 없었다. 일거리가 없었기 때문이다. 노동자들은 기계 반출을 막았다. 플레시의 다른 공장들도 블래킹을* 선언하고 제품과 장비의 취급과 반출을 거부했고, 지역사회도 노동자들의 투쟁을 지지하고 나섰다.

플레시 노동자들이 UCS 투쟁에서 영감을 받았듯 플레시 투쟁은 다른 노동자들에게 영감을 줬다. 버밍엄에서 이틀간 점거 투쟁이 벌어져 브리티시레이랜드는** 피셔프레스드스틸 노동자 900명을 정리해고하려던 계획을 철회해야 했다.

점거 투쟁이 줄을 이었다. 리버돈 제철소와 셰필드의 스노우스, 코번트리 근처 메리든의 노턴빌러스트라이엄프, 버밍엄의 비에스에이, 브리티시레이랜드 카울리 공장, 북웨일스의 앨리스찰머스, 패커넘의 섹스턴슈즈, 랭커셔의 세인트헬렌플라스

- 블래킹 파업 사업장의 업무와 연관된 다른 부문의 노동자들이 일체의 협조를 하지 않는 보이콧 행동.
- ● 브리티시레이랜드 1968년 윌슨 노동당 정권의 산업 구조조정 정책에 따라 브리티시모터홀딩스와 레이랜드모터코퍼레이션이 합병해 만들어졌다. 오스틴, 모리스, 로버, 재규어 등의 유명 브랜드를 보유했다.

틱, 맨체스터의 가드너스 엔진과 로렌스스콧, 런던의 브라이언트컬러프린팅과 베이너드프레스, 또 런던의 스탠모어엔지니어링과 세이코타임, 베이싱스토크의 소니크로프트, 턴브릿지웰스의 해리스엔지니어링, 글래스고의 맥라렌컨트롤 등 무수히 많은 공장이 점거됐다.

1972~1974년에 200건이 넘는 점거 투쟁이 있었다. 그 가운데 머지사이드 주 커비의 피셔벤딕스 공장에서 벌어진 점거 투쟁이 단연 돋보였다.

1971년 여름에 9주 동안 이어진 피셔벤딕스 파업으로 해고는 막았지만, 손그룹은 1972년 5월에 공장을 폐쇄하겠다고 발표했다. 현장위원들이 싸움을 준비했다. 한 현장위원이 당시 상황을 다음과 같이 설명했다.

랭커셔 서부의 'UCS 지원대책위'는 자주 열리고 참석자도 많았는데, 대체로 국제사회주의자들이 이끌었다. 국제사회주의자들은 실업에 맞서 싸우고 지역에서 시위와 행진을 벌이며 운동을 건설하자고 주장했다. 현장위원들이 UCS에 파견됐다. … 우리는 UCS처럼 여론전을 벌이는 데는 노동자 자주관리도 괜찮다고 판단했다. 그러나 노동자 자주관리라는 방식은 제대로 맞붙는 싸움에는 알맞지 않았다. …

손 왕국의 다른 공장과 지역의 공장, 건설 현장 등과 연계를 맺었다. 기계 반출을 막고 블래킹을 준비할 계획도 세웠다. 우리는 투쟁 기금을 마련하고자 모든 조합원의 조합비를 올려 매주 50펜스씩 더 걷었다. 1972년 1월 경영진의 첫 정리해고 기한이 다가오자 우리는 마음을 단단히 다졌다.

활동가들이 시위를 조직하려고 공장에 모였다. 활동가들은 본관 건물로 행진했고 다른 노동자들도 도중에 합류했다. 행진 중간에 노동자들은 공장 전체 문단속에 쓰이는 마스터키를 입수했다. 마침내 노동자 200여 명이 이사회실에 쳐들어가 경영진과 마주했다.

현장위원회 위원장이 경영진에게 당장 회의실 밖으로 나가 폐쇄 결정을 재검토하라고 말했다. 위원장은 10분을 줬고, 경영진은 쭈뼛대며 지시에 응했다. 그런데 10분 뒤에 돌아와서는 매우 유감스럽지만 결정을 뒤집을 수 없다고 말했다. 노동자들은 경영진을 쫓아내고 공장을 장악했다.

곧바로 노동자 800명이 모여 총회를 열었다. 위원장은 노동자들에게 이렇게 말했다. "파업 불참자들의 출입을 막으려고 비바람 맞으며 밖에서 버티는 것보다 공장을 점거해 내부에서 통제하는 쪽이 훨씬 낫습니다." 노동자들은 만장일치로 공장점거를 결정했다.

현장조합원들은 점거파업에 아주 적극적으로 참가했다. 후원금이 쏟아져 들어왔고, 항만 노동자들은 손그룹 제품을 일절 하역하지 않기로 했다. 머지사이드 주 곳곳에서 피셔벤딕스를 지지하는 연대파업이 벌어졌다. 또 이 투쟁은 광산 파업과 항만 노동자들의 비공인 전국 총파업과도 연계됐다. 그 결과 투쟁은 모든 정리해고에 맞서는 전면전으로 확대될 조짐을 보였다.

지역구 의원 해럴드 윌슨이 재빨리 개입해 IPD라는 신생 기업이 공장을 인수하기로 합의했다. 사전 준비와 자발성이 결합된 점거파업이 얼마나 이로운지 보여 준 통쾌한 승리였다. 4주 동안 리버풀은 점거파업으로 불타올랐고 기업주들과 정부는 공포에 떨었다.

또 이 승리에 고무돼 그레이터맨체스터 주의 기계 공장들에서 점거파업이 크게 벌어졌다.

1972년에 벌어진 투쟁들은 대체로 우리 편의 승리로 끝났다. 단 하나 예외가 있었는데, 바로 금속 노동자들이 벌인 전국적 임금 인상 투쟁이었다. 광산 파업이 한창이던 1972년 1월, 금속 노동자들과 기업주들 사이의 교섭이 결렬됐다.

영국의 금속노조AUEW는 규모도 크고 강력했다. 좌파 집행부와 좌파 위원장 휴 스캔런이 금속노조를 이끌었다. 금속노조가 광원들과 함께 전국 총파업을 벌였다면 기업주들을 손쉽게 제압할 수도 있었다.

그런데 믿기 힘들게도, 스캔런과 노조 집행부는 지역과 공장별로 투쟁을 벌이기로 결정했다. 임금 인상 투쟁을 실질적으로 조직한 곳은 그레이터맨체스터 주뿐이었다.

피셔벤딕스 투쟁에 고무받아 그레이터맨체스터 주의 금속 노동자 수천 명이 공장 30곳을 점거했다. 기업주들의 직장폐쇄에 대응한 행동이었다. 그러나 이 공장점거는 형식적 농성파업이 돼 버렸다. 좌파 노조 간부들은 공장점거를 활용해 노동자들의 사기를 끌어올리고 투쟁에 동참시키려 하기는커녕 투쟁을 확산시키려는 시도를 모두 가로막고 점거파업을 수동적이고 유순하게 만들려고 했다.

좌파는 기회를 놓쳤다. 개별 공장에 교섭을 내맡김으로써 노동자들은 지치기 시작했고 운동은 갈수록 약해졌다. 노조는 임금 인상 투쟁의 중요 요소, 이를테면 노동시간 단축과 동일노동 동일임금 등의 원칙을 내팽개쳤다.

맨체스터 금속 노동자 투쟁은 상의하달식의 형식적 행동이 얼마나 위험한지, 그리고 점거파업만으로는 승리하기가 얼마나 어려운지 잘 보여 줬다. 농성장이 활동의 지휘부가 돼야 하고, 선발된 노동자들이 농성장 밖으로 나가 연대 활동을 조직해야 한다. 바로 이렇게 점거 현장을 거점 삼아 투쟁을 확대해야 한다. 대담성과 기세가 승리의 열쇠다. 수동성과 권태는 패배를 부른다.

금속 노동자들이 임금 인상 투쟁에서 크게 패배했지만 그 영향은 일시적이었을 뿐 상승세를 막지는 못했다. 점거파업은 해럴드 윌슨의 노동당 정권이 들어섰을 때도 멈추지 않았다 (윌슨은 1974년 2월, 2차 광산 파업으로 궁지에 몰린 에드워드 히스가 "누가 통치할 것인가"를 표어 삼아 실시한 선거에서 보수당을 누르고 재집권했다).

노동당의 집권

히스 정부가 무너지면서 투쟁이 다시 크게 늘어났고, 마침내 1974/1975년 겨울에 비공인 파업이 잇달아 벌어져 스코틀랜드 중부를 마비시켰다. 처음에 노동당 정부는 히스의 소득정책 실패로 말미암은 임금 폭등을 허용할 수밖에 없었다. 우체국노조의 우파 지도자 톰 잭슨은 새로 들어설 노동당 정권을 이렇게 기막히게 표현했다. "라스베이거스의 커다란 슬롯머신 주인이 느닷없는 기계 고장으로 손님들에게 돈을 퍼 주는 꼴이다."

토니 클리프는 1975년에 펴낸 책 《위기, 사회협약이냐 사회주의냐》에서 다음과 같이 지적했다.

순전히 노동계급 투쟁의 다양성만 놓고 보자면 아마도 지금 같은 시기는 과거 영국에 없었을 것이다. 공장점거 운동이 급격히 퍼졌는데, 단지 폐업에 맞선 투쟁이 아니었다. 노동자들은 임금 인상과 상여금 지급, 동일노동 동일임금 등을 내건 싸움, 괴롭힘과 인종차별에 맞선 싸움에도 공장점거를 활용했다.

1974~1976년에 〈소셜리스트 워커〉가 다룬 점거 투쟁을 일부 열거해 보면 다음과 같다.

위건의 러스턴팩스먼디젤 기계 공장 노동자 100명의 현장위원 복직 요구.

글래스고의 찰스맥닐엔지니어링 노동자 120명의 임금 인상 요구.

런던 북서부의 펀필드앤드발로우의 파키스탄 출신 금속노조 조합원 200명의 임금 인상 요구.

버크셔 주 브랙널의 드레서유럽 노동자 150명의 상여금 지급 요구.

볼턴의 힉하그리브스 노동자 250명의 임금 인상 요구.

헤멀헴스테드의 코닥 노동자 1000명의 노조 인정 요구.

비스턴의 플레시텔레콤 노동자 6000명의 임금 인상 요구.

달링턴의 콜스크레인 노동자 200명의 임금 인상 요구.

레딩의 애드웨스트 기계 공장 노동자 400명의 폐업 반대.

이스틀리의 스트라칸엔지니어링 노동자 70명의 폐업 반대.

랭커셔 주 헤이우드의 설포드전기 여성 노동자 400명의 동일노동 동일임금 요구.

헐의 임피리얼타이프라이터 타자기 공장 여성 노동자 200명의 폐업 반대.

자로우의 브룩스실린더 노동자 150명의 폐업 반대.

에듀케이셔널오디오비주얼의 언론노조NUJ 조합원 40명의 정리해고 반대.

런던 서부의 해머스미스 병원 국민보건서비스NHS 노동자 400명의 임금 인상 요구.

글래스고의 퍼소나레이저블레이드 노동자 300명의 임금 인상 요구.

코번트리의 트라이엄프 자동차 공장 사무직 노동자 300명의 호봉 조정 요구.

맨체스터의 마그네슘일렉트론 여성 노동자 500명의 임금 인상 요구.

로슨패러건프린팅그룹의 베리세인트에드먼즈, 선덜랜드, 웰링버러, 세인트니어츠, 포츠머스, 게인즈버러, 버켄헤드 공장 인쇄 노동자 1500명의 임금 인상 요구.

던디의 스미스허턴조선소 노동자 400명의 폐업 반대.

런던 남부의 GEC엘리엇 노동자 70명의 동등 임금 요구.

버켄헤드의 캐멀레어드 조선소 계약직 노동자 150명의 정리해고 반대.

포드 스완지 공장 노동자 200명의 정리해고 반대.

서퍽 주 헤일즈워스의 하워드경운기 노동자 150명의 강제 조업단축 반대.

매시퍼거슨 트랙터 공장 노동자 5000명의 임금 인상 요구.

런던의 크로스필드일렉트로닉스 노동자 350명의 정리해고 반대.

베이싱스토크의 P&O해운 노동자 110명의 정리해고 반대.

맨체스터의 프레스트위치 병원 직원 150명의 호봉 조정 요구.

부당 해고된 현장위원들의 복직을 요구한 토트넘의 GEC 노동자들의 두 차례 점거.

20주간 지속된 글래스고 블랜타이어의 롤스로이스 공장 노동자 500명의 폐업 반대.

스켈머스데일의 코톨즈 노동자 800명의 노동강도 강화 반대와 인력 충원 요구.

그레인지머스의 BP˙ 노동자 1700명의 연금과 복리후생비 관련 요구.

• BP 거대 다국적 석유 기업.

던디 시립 어린이집 직원들의 폐업 반대.

허더스필드의 홉킨슨 노동자 200명의 임금 인상 요구.

그러나 노동당의 선거 승리로 산업 투쟁의 정치적 칼날이 무뎌졌다는 게 이내 드러났고 노동당 정권은 좌파 노조 지도자 잭 존스와 휴 스캔런의 지원을 받아 결국 임금 억제 정책을 시행할 수 있었다. 이 정책은 1978/1979년의 "불만의 겨울" 이전까지 지속됐다.

노총·노동당 합동위원회가 고안한 사회협약* 때문에 한 세대 동안 실질임금이 큰 폭으로 하락했다. 세계적 불황이 심화해 실업이 갑절로 늘어났지만, 투쟁성이 쇠퇴하고 파업은 1950년대 이래 가장 낮은 수준으로 줄었다.

노동조합 지도자들이 노동당 정부에 충성을 다하고 투쟁을 확산시키지 않으면서 투쟁들은 점점 고립됐고, 노조 관료들에게 더욱 의존했다.

대표적 사례는 헐의 임피리얼타이프라이터 공장에서 벌어진 점거 투쟁이었다. 해고에 직면한 여성 노동자 200명이 대담하게 공장을 장악하고 파업에 나섰다. 그러나 노동조합 간부들

• **사회협약** 1973년 2월에 노동당과 노총 지도부가 악법인 노사관계법을 폐지하는 대신 맺은 협정으로, 정부는 물가 통제와 연금·의료·주택비 개선을 약속하고 노동조합은 임금 인상을 일정 수준 이하로 자제키로 했다.

이 파업을 억누르고 통제한 탓에 투쟁은 패배로 끝났다. 노조 관료들은 외부인의 출입을 막았고 점거 투쟁은 공장 울타리를 넘어서지 못했다.

정리해고에 맞선 싸움이 노동자 협동조합을 설립하는 쪽으로 엇나간 곳도 있었다. 버밍엄의 노턴빌러스트라이엄프, 머지사이드의 KME, 글래스고의 스코티시데일리익스프레스 같은 사업장이 그 사례다. 당시 장관이던 토니 벤은 여기에 열광해 노턴빌러스트라이엄프 협동조합에만 500만 파운드를 제공했다. 스코티시데일리익스프레스 노동자들도 엇비슷한 돈을 받아서 스코티시데일리뉴스라는 이름의 새 협동조합 신문사를 세울 수 있었다.

물론 정리해고에 직면한 일부 노동자들은 노동자 협동조합을 근본적인 해결책으로 여기도 했다. 그런데 이 방식은 틀렸다. 협동조합이 시장 경쟁에서 살아남으려면 노동자들은 사장들 밑에 있을 때보다 스스로를 더 다그쳐야 했다. 〈소셜리스트 워커〉의 한 사설은 협동조합 문제를 다음과 같이 꼬집었다.

자본주의라는 바다에 사회주의라는 섬을 세우는 것은 불가능하다. 노동자들이 자본주의라는 바다에서 영리회사를 직접 경영한다면, 경영진에 대항할 노동조합 조직의 힘을 스스로 갉아먹는 꼴이 될 것이다.

인쇄 노조들은 다른 신문사에서 해고에 맞서 싸울 때 스코티시데일리뉴스 사례가 악용될 수 있다고 걱정했다. 글래스고의 스코티시데일리익스프레스에는 원래 2000명이 고용돼 있었는데, 새 신문사에는 딱 500명만 필요했다. 그래서 다른 신문사 인력이 너무 비대해 보이는 착각이 일었다.

공장점거는 무엇보다 계급투쟁의 한 전술로 봐야 한다. 즉, 노동자의 생산 통제를 실험하는 게 아닐뿐더러 공장 한 곳만으로 노동자의 생산 통제를 실현하는 것도 불가능하다. 1975년에 한 현장위원이 〈소셜리스트 워커〉에 독자편지를 보내 노동자 협동조합의 한계를 다음과 같이 지적했다.

협동조합은 노동자들한테 사업체를 존속시킬 책임을 떠맡긴다. 다시 말해 스스로 임금을 낮추고 생산성을 올릴 수밖에 없다. 또 협동조합은 정부와 기업주의 책임을 면제하고 청산인의 곤란도 해결한다. 노동당은 노동자들이 더는 국유화를 요구하지 않도록 만들려고 애써 왔다. 협동조합을 대책으로 내세움으로써 노동당은 이런 술책을 급진적인 것처럼 포장할 수 있었다.

1974년까지 공산당은 이중적인 구실을 했다. 다시 말해 UCS 같은 곳에서 파업을 주동하기도 했지만 투쟁을 제한하고 단속하는 데도 열을 올렸다. 노동당 재집권 뒤에는 더욱 부정적인 기능을 하며 공산당은 전국현장조합원운동과 노동권보장운동 등 현장조합원들이 주도적으로 나선 운동을 방해했다. 또 좌파 노조 지도자들에 대한 비판이나 관계 단절을 꺼린 나머지 사회협약의 임금 억제에 맞서 벌어진 비공인 파업도 반대했다.

불행히도 정치적 조직화 수준은 투쟁의 규모를 따라가지 못했다. 혁명적 좌파가 성장했지만 개혁주의가 노동계급 운동에 미치는 영향력에 맞서기에는 너무 작았다. 혁명적 소수 사이에서도 노동자들에게 사회를 운영할 힘이 있다는 생각이 시들기 시작했고, 우경화가 전반적으로 벌어졌다.

조너선 닐은 자신의 경험을 돌아보며 다음과 같은 교훈을 이끌어 냈다.

1974년에 새로 들어선 노동당 정부는 대량 해고와 임금 동결, 병원 폐쇄, 삭감 조치를 밀어붙였다. 노동조합 지도자들과 공산당은 노동당 정권을 지지해야 한다고 주장했다. 그래도 노동당은 보수당과 다르다는 이유였다.

당시에 나는 사회주의노동자당 당원이었다. 당원이 4000명에 불과하고 대부분 1968년 이후에 가입했지만, 우리는 아래로부터의 사회주의를 진정으로 옹호했다.

1976년에 나는 런던에 있는 한 병원의 현장위원이었다. 어느 날

나는 버밍엄의 자동차 공장 현장위원들이 소집한 회의에 참석했다. 그 현장위원들은 공산당을 따랐다. 그 사람들은 우리가 노동당 정부의 '사회협약'을 거부하길 바랐다. 일자리를 위협받는 자동차 노동자들이 아래로부터 압력을 넣고 있었기 때문이다. 그런데 브리티시레이랜드의 공구관리실 노동자들이 임금 동결에 맞서 벌인 비공인 파업을 지지하는 것은 원치 않았다. 사실 공산당은 우리가 노동당의 요구대로 따르길 바란 것이다. 비로소 나는 지도자들의 말을 곧이곧대로 믿지 말고 그 사람들이 실제로 모든 투쟁을 지지하는지 지켜봐야 한다는 점을 깨달았다.

한 가지 더 배운 바가 있다. 사회주의노동자당은 그 회의 자리에서 공구관리실 노동자들의 파업을 지지해야 한다고 주장했다. 우리는 대략 1000표 대 700표로 졌다. 우리가 패배한 것은 공산당과 개혁주의자들이 큰 사업장에서 더 많이 그리고 더 오래 활동했기 때문이었다. …

나는 아래로부터의 투쟁에 헌신하는 사회주의자들의 조직이 우리에게 필요하다는 사실을 깨달았다.

점거 농성은 노동당이 권력을 잃을 때까지 계속됐다. 유명한 사례는 런던 크리클우드의 스미스인더스트리와 에어셔 주 킬위닝의 에섹스인터내셔널, 대거넘의 클로라이드, 커비의 플레시, 세인트헬렌스의 드라이랜더스, 코번트리의 GEC 투쟁 등이 있다.

그러나 파업은 꾸준히 줄어들어 아주 드문 일이 되고 말았고, 그것은 노동당 정권 아래서 운동이 얼마나 후퇴했는지를 보여 줬다. 이런 후퇴의 결과, 노동당 정권 말기에 투쟁이 되살아나 "불만의 겨울"을 맞았지만 1970년대 초의 보수당 집권기와 달리 투쟁은 확산하지 못하고 부문주의에 갇혀 쓰라린 패배를 당했다.

그럼에도 영국 노동계급의 집단적 힘과 평범한 노동자들의 역량이 투쟁을 거치며 성장했다는 점은 분명했다. 1972년은 노동계급 역사의 절정기 가운데 하나였다. 폴 풋이* 잘 묘사했듯이 1972년은 "대거 결집한 자본가 무리를 노동자들이 강력한 힘으로 밀어붙여 분쇄한 해"였다.

• **폴 풋** 영국의 사회주의 언론인이자 〈가디언〉 칼럼니스트.

chapter 9

1980~1990년대 영국: 저항의 쇠퇴

1981년 영국 그리녹 리청바지 점거파업. 대처 집권기에 젊은 여성 노동자들이 다국적기업에 맞서 일자리를 지켰다.

1980년대에 들어 기세등등하던 1972년과 다르게 계급 세력균형이 극적으로 바뀌었다. 이런 역전이 일어난 것은 마거릿 대처 탓이 아니었다. 윌슨·캘러헌 노동당 정권이야말로 노동계급에게 해를 입힌 진짜 장본인이었다. 노동조합 지도자들도 여기에 적극 공조했다.

사실 대처의 정책은 노동당 정권의 반노조 정책과 '통화주의'를 계승·발전시킨 것이었다. 다시 말해 이런 정책들은 대처가 아니라 해럴드 윌슨을 계승해 총리에 오른 짐 캘러헌과 재무부 장관 데니스 힐리의 작품이었다. 그러므로 소위 대처의 성과 가운데 일부는 사실이지만 전부가 그렇진 않다.

그럼에도 대처는 노동계급 운동을 더욱 수세로 내몰고, 어쨌든 광원들에게 매우 심각한 패배를 안기기도 했다. 이때의 패배에서 운동은 아직도 다 회복하지 못했다.

더욱이 권력의 시녀 노릇을 한 언론은 대처가 노조를 박살 냈다고 노동 대중이 믿게 하려 했다. 대처가 그런 시도를 한 것은 맞지만, 성공하지는 못했다. 더구나 대처가 거둔 최대의 승리조차 지배계급이 엄청난 대가를 치르고 얻은 것이었다. 광원들을 상대로 1년 동안 벌인 전쟁은 피루스의 승리, 다시 말해 상처뿐인 영광으로 끝났다.

온갖 거짓 선전이 난무했지만 대처 집권 시절에도 평범한 노동자들은 저항을 멈추지 않았고 지배계급을 상대로 커다란 승리를 거두기도 했다. 1980~1990년대는 훨씬 암울한 시절이었지만 직장점거 투쟁은 결코 사라지지 않았다.

당시에도 중요한 점거 농성이 곳곳에서 벌어져 저항을 고무하고, 다른 노동자들이 대거 연대 활동에 나서도록 자극했다.

주목할 만한 사례를 들면 이렇다. 리버풀의 메카노와 매시 퍼거슨, 맨체스터의 가드너스 엔진 공장과 로렌스스콧엔지니어링, 노리치의 로렌스스콧엔지니어링, 스윈던의 플레시, 런던의 브리티시프린팅코퍼레이션과 캠든저널, 애시턴언더라인의 베넷 브라더스, 올덤의 스톤플랫머신, 사우스요크셔의 플랜지엔지니어링, 그리녹의 리청바지, 글래스고의 베스토벨단열재, 배스게이트의 브리티시레이랜드, 던디의 타이멕스, 런던 동부의 스타파, 인버고든의 브리티시알루미늄, 컴버노드의 러버블브라,

글래스고 근처 어딩스턴의 캐터필러, 클라이드뱅크의 크베너, 글래스고의 글래시어RPB 등이다.

몇몇 파업은 완전한 승리를 거뒀고 일부는 부분적 승리로 끝났는데, 당시로서는 대단한 성취였다. 아래에서는 이 가운데 4곳의 점거 투쟁을 다루면서 다가올 전투에 대비한 교훈들을 살펴볼 것이다.

맨체스터의 가드너스

1980년 10월 맨체스터의 가드너스 엔진 공장에서 벌어진 점거파업은 굉장히 중요한 싸움이었다. 폐업과 정리해고 광풍에 맞서 노동자들이 마침내 들고일어난 것인데, 당시 하루에 3000개씩 일자리가 없어지고 있었다.

가드너스 파업으로 반反대처 운동이 촉발돼 1980/1981년 겨울 리버풀과 글래스고에서 노동당 주도로 실업 증대에 항의한 커다란 행진이 있었다.

가드너스 파업이 대처 집권 뒤 처음으로 벌어진 점거 투쟁은 아니었다. 앞서 리버풀의 메카노와 매시퍼거슨에서 점거파업이 있었다. 그러나 가드너스 파업이 규모가 가장 컸고, 성탄절을 지나 3개월간 이어진 싸움 끝에 승리했다.

가드너스는 호커시들리그룹의* 계열사였다. 가드너스 노동자들은 오랫동안 노조 활동과 사회주의 정치를 결합해 온 강력한 전통이 있었다. 1973년에 13주 동안 점거파업을 벌여 승리를 거뒀고, 특히 1970년대 말에는 현장위원들이 공장 정문에서 반나치동맹ANL 전단을 배포한 주목할 만한 활동도 있었다. 현장위원들은 모든 조합원에게 인종차별 문제에서 어느 편에 서야 할지를 명확히 제시하려고 했다.

1980년 9월 현장위원들이 임금 인상을 요구하자 사측은 700명 정리해고와 현장위원 권한 제한에 동의하지 않으면 어떤 요구도 들어줄 수 없다며 노동자들을 윽박질렀다.

임금과 노동조건, 일자리 공격에 맞서 노동자들은 총회를 열고 공장점거를 결정했다. 공장을 접수해 일자리와 노동조건을 지키고 충분한 임금 인상을 쟁취하기로 한 것이다.

점거 투쟁은 민주주의와 조합원 참여를 고무하고 확대했다. 가드너스 노동자들이 전국을 돌며 투쟁 지지를 호소했을 때 엄청난 반향이 일었는데, 바로 점거파업의 효과였다. 클라이드사이드의 모든 조선소와 기계 공장에서 모금 활동이 펼쳐지고, 웨일스 남부의 탄광들에서도 모금 운동이 벌어졌다.

1980년 11월 리버풀에서 8만 명이 실업에 맞서 시위를 벌였

---

* 호커시들리그룹 영국의 항공기 제조사.

을 때 가드너스 노동자들이 선두에서 이끌었다. 실업자들도 노동권보장운동에 동참해 전국 곳곳의 공장 앞에서 가드너스 투쟁을 후원하는 파업 기금을 모았다. 이런 활동들 덕분에 점거파업을 향한 지지와 관심이 늘었다.

금속노조 맨체스터 지부는 전체 조합원 10만 명의 조합비를 올려 마련한 후원금을 매주 가드너스 점거파업에 지원했다. 셰필드 지부도 마찬가지로 조합원들로부터 매주 기금을 모았는데, 셰필드 바깥의 투쟁에 이런 식으로 지원한 것은 처음이었다.

싸움은 질질 끌며 계속됐다. 그러나 노동자들의 드높은 결의와 전국의 노동조합원들이 두툼히 모아 준 기금 덕택에 점거파업은 흔들림 없이 유지됐고 사측은 투지가 꺾였다. 가드너스 노동자들의 승리는 실업이 급증하는 상황에서도 노동자들이 투쟁할 수 있고 이길 수도 있다는 점을 보여 줬다.

그리녹의 리청바지

언제나 가장 힘 있는 노동자들부터 반격에 나서는 것은 아니다.

1981년 2월 글래스고 인근 린우드의 거대한 탤버트 자동차 공장 노동자들의 총회에서 공장을 점거해 폐업을 막고 6000 명의 일자리를 지키자는 현장위원들의 제안이 부결됐을 때, 스코틀랜드 노동계급 운동은 정말로 큰 타격을 입었다.

탤버트 노동자들의 투쟁으로 실업에 맞선 싸움에 중대한 영향이 미칠 것이라던 사람들의 기대는 물거품이 됐다. 탤버트 공장에서 투쟁이 벌어졌다면 10년 전 UCS처럼 클라이드사이드 전체를 들끓게 했을 것이다.

린우드의 탤버트 공장은 스코틀랜드 서부에서 가장 투쟁적인 사업장으로 명성이 자자했으므로 점거 투쟁이 일어났다면 막대한 지지를 끌어모을 수 있었다. 그런데 아무런 싸움도 없이 공장이 폐쇄됐다.

비슷한 시기에 그리녹의 리청바지에서 여성 의류 노동자 240명이 폐업을 앞둔 공장을 점거했다. 노동자 대부분이 10대였고 투쟁이나 노조 활동 경험이 전혀 없었다.

리청바지는 미국계 다국적기업 배니티페어 소유였고, 그리녹 공장은 전 세계에 있는 40개 공장 가운데 하나였다. 배니티페어는 그리녹 공장을 폐쇄하고 설비와 사업 일체를 아일랜드 공장으로 이전하기로 결정했다.

이런 결정을 내릴 때 배니티페어는 노동자들의 처지를 전혀 고려하지 않았지만, 노동자들한테는 자신의 삶이 온전히 걸린 문제였다. 클라이드사이드의 소도시 그리녹은 실업률이 16퍼센트가 넘었으며, 공장이 없어지면 젊은 여성 노동자들의 미래도 사라질 판이었다. 점거에 가담한 한 20세 노동자는 이미 다섯 번이나 정리해고를 당한 경험이 있었다.

점거 투쟁은 7개월 동안 이어졌고, 현장조합원 조직의 지원 덕분에 승리할 수 있었다. 의류노조NUTGW는 6주가 지나서야 쟁의를 공식 승인했고 그 뒤에도 투쟁에 나선 조합원들을 거의 돕지 않았다.

그럼에도 파업 노동자들은 어마어마한 지지를 받았다. 사회주의자들이 앞장서서 정치적 논쟁을 벌이고 연대를 확대할 네트워크를 만들었다. 후원 신청서가 수도 없이 뿌려졌고, 지역 조선소의 현장위원들이 발 벗고 나서서 노동조합 지원대책위를 세웠다.

사회주의노동자당이 적극 제안해 파업 노동자들이 전국 곳곳의 사업장을 순회하고 전국의 배니티페어 매장 앞에서 항의 행동을 벌였다.

사측은 법원의 퇴거 명령을 받아 여성 노동자들을 공장에서 내쫓으려 했다. 퇴거 예정일이 되자 조선소와 기계 공장, 탄광에서 노동자 1000명이 달려와 공장을 둘러싸고 점거파업을 엄호했다.

영국과 아일랜드의 항만 노동자들도 배니티페어 제품의 하역을 전면 거부했다. 의류노조가 점거파업에 대한 지지를 철회해 버렸지만, 끝끝내 노동자들은 공장 폐쇄를 막고 140명의 일자리를 지켜 냈다.

어딩스턴의 캐터필러: 핑크팬더의 복수

때로는 실패한 점거 투쟁도 커다란 변화를 가져올 수 있다.

1987년 1월, 미국계 다국적기업 캐터필러가 글래스고의 홀리데이인 호텔에서 기자회견을 열어 어딩스턴 공장을 폐쇄하고 직원 1200명을 모두 정리해고하겠다는 충격적 발표를 했다. 그런데 캐터필러 어딩스턴 공장은 당시 상당한 수익을 내고 있었다.

사측의 기자회견 내용을 사전에 입수한 현장위원들이 회견장에 막무가내로 찾아갔다. 사측은 난처한 상황에 놓였고, 노조 위원장이 벌떡 일어나 회견 중인 미국인 사장을 가로막고서 기자들과 텔레비전 카메라를 향해 큰 소리로 반대 주장을 외쳤다. 위원장은 공장이 지금 점거돼 노동자들이 관리하고 있고, 모든 일자리를 지켜 낼 때까지 점거가 계속될 것이라고 말했다. 이 사건은 그날 저녁 주요 텔레비전 뉴스로 방송됐다.

그렇게 시작된 점거 투쟁은 104일 동안 이어졌고, 노동자들은 경탄할 만한 재치와 단결력을 보여 줬다. 이 점거파업은 광산 파업 패배 2년 뒤에 벌어졌는데, 그 후폭풍은 여전했다.

금속노조 지도부는 손가락 하나 까딱 않으려 들며 블래킹 조직에 전혀 나서지 않았다. 블래킹이 실행됐다면 사측의 양보를 이끌어 낼 수도 있었다. 노조 지도자들이 이토록 비겁했지만 노동자들은 맹렬한 기세로 싸움에 나섰다. 노동자들은 법을 거부하고 굳게 뭉쳤으며 전체 노동계급한테서 커다란 지지를 받았다.

어딩스턴은 오래된 탄광촌으로 실업률이 19퍼센트나 됐다. 1986년 성탄절을 전후로 인근 가트코시의 제철소를 비롯해 지역의 많은 공장에서 폐업과 정리해고가 잇달아 벌어졌다.

캐터필러 공장 폐쇄는 그중에서도 가장 냉혹한 결정이었다. 폐업 발표 며칠 전만 해도 보수당 정권의 스코틀랜드 국무 장관 맬컴 리프킨드는 캐터필러 같은 기업이야말로 "스코틀랜드에 꼭 필요한 다국적기업"이라며 치켜세웠다.

불과 몇 주 전, 회사는 어딩스턴 공장에 무려 6300만 파운드를 투자하겠다고 발표해 엄청난 주목을 받았다. 어딩스턴 공장을 회사의 새 모델 생산처로 선정해 어딩스턴의 사업을 장기간 보장하겠다는 것이었다. 그런데 갑자기 계획이 바뀌자 거센 반발이 일었고 노동자들이 공장을 장악했다.

노동자들은 대중적 모금 운동을 벌여 매주 2만 파운드 이상을 모았고 그 덕분에 점거파업은 안정적으로 유지될 수 있었다. 파업 노동자들은 전국의 주요 공장을 거의 모두 돌며 지지를 호소했다. 캐터필러 파업은 저항의 신호탄 구실을 하며 사기가 떨어진 운동을 고무했다.

몇몇 사회주의자 현장위원들의 활동과 1970년대 초부터 공장에서 매주 꼬박꼬박 판매된 〈소셜리스트 워커〉의 영향이 결정적으로 중요했다. 점거파업 첫날부터 바깥으로 시선을 돌렸다. 노동자들은 국제적 지원을 얻으려 노력했고 실제로도 상당한 지지를 받았다. 현장위원들이 벨기에와 프랑스로 날아가 그곳의 캐터필러 현장위원들과 연계를 맺었다. 회사로부터 마찬가지로 공격받던 미국의 캐터필러 노동자들도 어딩스턴 노동자들의 활동에 찬사와 지지를 보냈다.

프랑스와 벨기에의 캐터필러 노동자들은 어딩스턴 노동자들을 지지하는 경고 파업을 벌이고, 사측이 어딩스턴 노동자들을 공장에서 쫓아내려 한다면 무기한 파업에 돌입할 것이라고 위협했다.

금속노조 집행부는 비겁하게 회피했지만, 항만 노동자들과 화물차 기사들은 비공인 블래킹에 나서서 캐터필러 제품을 운송하지 않았다.

노동자 대부분이 남성이었지만, 광산 파업에 1년 동안 강력히 연대한 경험 덕분에 가족대책위를 만드는 것이 얼마나 중요한지 알고 있었다. 가족대책위는 파업 참가자들의 결속력을 높이고 지역사회로부터 커다란 지지를 이끌어 내는 데 매우 중요한 구실을 했다.

어딩스턴 주민 1만 명이 점거파업을 지지하는 행진을 벌였다. 수많은 캐터필러 노동자들과 지지자들이 글래스고와 래너크셔 주의 산업도시들에서 매주 길거리 모금 활동을 펼쳤다.

지역 축구팀 2곳도 자선 경기를 열어 투쟁 기금 마련에 동참했는데, 글래스고 근처에서 셀틱과 레인저스가 시합을 할 때마다 수천 파운드가 모였다.* 스코틀랜드의 모든 주요 도시에는 캐터필러 점거파업 지원 모임이 생겼다.

점거파업 중에 '핑크팬더'를 생산하기로 한 노동자들의 결정은 말 그대로 신의 한 수가 됐다. 이것은 어딩스턴에서 생산하는 중장비가 이른바 '후진국'에서 얼마나 요긴하게 쓰일지를 바깥세상에 보여 주려 한 조치였다.

그래서 점거파업은 '노동자 자주관리'로 전환돼 캐터필러 노동자들이 뭘 만들 수 있는지를 전 세계에 보여 줬고, 그렇게 '핑크팬더'가 탄생했다. 핑크팬더는 어딩스턴 노동자들이 조립한 대형 트랙터로, 캐터필러의 상징인 노란색과 구별해 분홍색을 칠했다. 노동자들은 미국의 캐터필러 본사에 항의하는 의

• 모두 글래스고를 연고로 한 스코틀랜드 프리미어리그 팀이다.

미로 핑크팬더를 스코틀랜드 워온원트War on Want에˙ 기증하기로 했다.

핑크팬더 제작에는 의미심장한 목적이 있었다. 공장 앞에 새로 건 현수막이 그 취지를 잘 보여 줬다. "캐터필러 노동자들은 말한다. 우리는 할 수 있고, 또 할 것이다. '세계를 먹여 살리는' 데 도움이 되는 그런 일을!"

결국 핑크팬더는 언론의 큰 주목을 받으며 공장에서 10마일 떨어진 글래스고 조지 광장으로 옮겨졌다. 핑크팬더는 점거 투쟁 내내 눈에 잘 띄게 세워져 있었다. 사측은 법원의 가처분 명령을 받아서 핑크팬더가 워온원트에 넘겨지는 것을 막으려 했다. 당시 워온원트 대표였던 조지 갤러웨이는 성명을 내 이렇게 딱 잘라 말했다. "핑크팬더 트랙터는 조지 광장에 남아 다국적기업의 비열한 행태를 고발하는 분홍색의 대중적 증언이 될 것이다."

'더 체인 갱The Chain Gang'은˙˙ 여러 유명 밴드의 젊은 음악인들이 모여 만든 팀으로, 1987년 4월에 캐터필러 노동자들의 점거 투쟁을 지지하는 자선 싱글 〈메이킹 트랙스Makin' Tracks〉를 냈다. 음반 재킷 뒷면에는 다음과 같은 글이 적혀 있다.

- 워온원트 빈곤과의 투쟁이란 뜻의 영국 자선단체.
- ˙˙ 한 줄 쇠사슬에 매인 실외 노동 죄수들을 의미한다.

이 음반은 래너크셔 주 어딩스턴의 캐터필러 공장 노동자들이 벌인 점거 투쟁을 지지하는 스코틀랜드 음악인들이 창작하고 녹음했습니다. 다국적기업의 미친 짓으로부터 일자리를 지키려 투쟁한 캐터필러 노동자들은 대담한 점거파업으로 스코틀랜드 노동자들의 힘을 똑똑히 보여 줬습니다. 싸움은 지금도 계속되고 있습니다. 비록 점거파업이 논란 끝에 마무리됐지만, 음반 수익금은 캐터필러점거위원회의 요청대로 워온원트 단체에 기부할 예정입니다. 음악인들 모두 아무 대가 없이 참여했고, 녹음실 이용료 또한 없었습니다.

결국 금속노조AEU의 우파 지도자들이 점거파업을 배신했다. 1987년 2월 사측은 법원으로부터 점거파업 금지 가처분 명령을 받았다. 우파 노조인 전기전자통신배관공노조EETPU가 지원을 철회하고 소속 조합원들이 파업에서 이탈했지만, 현장위원들은 저항을 멈추지 말자고 주장했고 총회에서 근소한 차이로 농성 유지가 결정됐다.

사측은 법원의 가처분 명령을 곧바로 적용해 파업 노동자들을 공장에서 쫓아내지는 않겠다고 발표했다. 그 대신 금속노조가 조합원들에게 투쟁을 끝내라고 공식 지침을 내리도록 압박했다.

1971년에 UCS 노동자 자주관리를 이끌었던 공산당원이자

이제는 금속노조의 지역본부 간부로 캐터필러 투쟁을 담당한 지미 에얼리가 현장위원들에게 농성을 끝내라고 다그쳤다. 현장위원들은 에얼리를 배신자라 비난하며 금속노조의 압력을 거부했다.

그러나 1987년 4월, 금속노조의 지도자 개빈 레어드(훗날 "기빈Give-in"레어드라고* 조롱받았다)와 빌 조던이 점거파업 지지를 철회하고 모든 지원을 끊겠다고 위협하자 마침내 점거 투쟁은 막을 내렸다.

회사와 현장위원들이 끝장 협상을 벌여 가처분 명령의 집행을 중단시켰고, 사측이 1987년 10월까지는 고용을 유지하고 10월 이후에도 강제 정리해고는 실시하지 않겠다는 것, 정리해고에 따른 보상을 강화하고 새로운 소유주를 찾아 일자리 일부를 보존할 공동대책위원회를 설립하겠다는 것을 보장한 뒤에야 현장위원들은 업무 복귀에 합의했다.

이런 합의에 기초해 노동자들은 4월 말에 일터로 돌아갔다. 34만 파운드나 되는 투쟁 기금을 모았던 대중적 점거 투쟁은 이렇게 끝을 맺었다. 보수당은 1987년 총선에서 승리했지만 캐터필러 점거파업의 영향으로 스코틀랜드에서는 대패했다.

---

* 굴복하다를 뜻한다.

글래스고의 글래시어RPB

1996년 11월, 글래스고 폴머디의 글래시어 기계 공장 노동자들이 해고에 반대해 공장을 점거했다.

다국적 자동차 부품 업체의 계열사인 글래시어는 위험한 작업 규칙의 도입과 근로계약 변경, 임금 삭감, 노조 공격 등에 노동자들이 반발하자 전부 해고해 버렸다.

파업에 돌입한 노동자 103명은 작업 거부만이 아니라 공장을 점거하고 관리자들을 쫓아냈다. 2년 전 파업에서 노동자들은 사측의 직장폐쇄에 가로막혀 큰 어려움을 겪었고, 이번에는 판을 뒤집어 사측에 되갚아 주기로 결정했다.

노동자들은 법을 무시해 버렸고 투쟁을 지지해 줄 광범한 연대를 구축했다. 지역 사회주의자들의 도움을 받아 여러 사업장을 돌며 재정을 지원받았고, 폴머디에서 3000명이 참가한 연대 시위를 조직했다. 점거 투쟁은 성탄절까지도 계속돼 노동자 가족들이 공장 안에서 성탄절 파티를 열었다.

경영진이 끝내 두 손을 들었고 노동자들은 완전한 승리를 거뒀다. 일자리 전부와 기존 임단협을 다 지켜 냈다. 사측은 앞으로 변경 사유 발생 시 모두 노조와 협의를 거쳐 동의를 받겠다고 서면으로 명시해야 했다. 다국적기업을 상대로 소규모의 노동자들이 쟁취한 그야말로 놀라운 승리였다. 노동자들은 금속노조 깃발을 앞세우고 당당히 일터에 복귀해 승리를 자축했다.

chapter 10
투쟁, 정치, 조직

혁명이 필요한 이유는 지배계급을 다른 방식으로는 타도할 수 없을뿐더러, 지배계급을 타도할 계급도 오직 혁명 속에서만 자기한테 엉겨 붙은 오랜 오물을 벗겨 내고 사회를 새롭게 재건할 능력을 얻기 때문이다.

카를 마르크스와 프리드리히 엥겔스, 《독일 이데올로기》

2014년 영국 패스트푸드 노동자 권리 찾기 투쟁.

직장점거 파업의 재등장은 새로운 저항 운동의 특징 가운데 하나다. 갈수록 많은 노동자들이 투쟁에 나서서 곧잘 전면파업과 비공인 파업을 일으키고 때로는 법을 거스르기도 한다. 현장의 투쟁성이 이렇듯 눈에 띄게 되살아나자 1980~1990년대 패배 이후 이런저런 식으로 퍼져 있던 흔한 생각, 즉 투쟁해 봐야 소용없다는 견해가 불식되고 있다.

영국 노동자들은 최근 불황에 대처하는 데 다른 유럽 나라의 노동자들보다 더뎠다. 2009년 초 울워스 노동자 3만 명은 폐업에 맞서 싸워 보지도 못하고 일자리를 뺏겼다.

2009년 2월에는 일자리 불안에 시달리던 건설 노동자들이 저항에 나서서 1만 명이 넘게 참가한 살쾡이 파업을 일으켰지만, 이주 노동자들을 적대하는 오류를 범하고 말았다. 건설 노동자들이 내세운 "영국 일자리는 영국 노동자에게"라는 구호는 외국인 혐오와 분열을 조장했는데, 이 구호를 처음 쓴 자는 바로 고든 브라운이고* 건설 노동자들한테 부추긴 사람은 유나이트 노조 공동사무총장 데릭 심프슨이었다.

노동당 총리와 유력한 노동조합 지도자가 노동자들을 들쑤셔 유니언잭을** 흔들고 일자리를 빼앗는 '외국인'을 손가락질하도록 만든 결과, 사장들과 영국국민당 같은 나치만 그 덕을 봤다. 나치 지도자 닉 그리핀이 유럽의회 선거에서 브라운의 끔찍한 구호를 이용해 표를 얻고 당원을 늘린 것은 너무나도 당연했다. 크리스 하먼은 다음과 같이 썼다.

현 체제 옹호자들은 수많은 사람들이 겪을 고통은 안중에도 없이 거짓말과 약간의 미끼, 협박 따위만 잘 활용하면 어떤 위기도 이겨 낼 수 있다고 믿는다. 이를테면 자본주의가 아닌 다른 누군가에게 실업의 책임이 있다는 식의 거짓말인데, 바로 중국의 저임금 노동자와 플랜트 건설 현장의 폴란드 이주 노동자, 미국이 벌인 전쟁으로 발생한 난민이 바로 그 대상이다.

• 고든 브라운 2007~2010년에 집권한 노동당 출신의 총리.

•• 유니언잭 영국 국기.

해고와 이간질에 제대로 맞서려면 국적을 불문하고 모든 노동자들을 방어해야 한다. 저항 운동의 성공은 언제나 단결과 연대를 추구하는 정치에 달려 있다. 인종차별 반대와 국제주의는 결코 쓸모없는 겉치레가 아니다.

2차 건설 파업 기간에 사회주의자들과 노조 활동가들이 "영국 일자리는 영국 노동자에게"라는 구호에 맞서 싸워서 철회시키는 데 성공했고, 건설 노동자들은 6월에 놀라운 승리를 거뒀다. 그러나 이런 논쟁은 자본주의가 계속되는 한 없어지지 않을 것이다.

노동자들이 투쟁에 나서고 승리를 거둘수록 인종차별 사상을 떨쳐 버리고 국제주의를 체득할 가능성은 높아진다.

이 책에서 다룬 거대한 사건들 모두 노동계급이 투쟁에 나설 때 자신과 주변 세계를 탈바꿈하기 시작한다는 사실을 보여 줬다.

우리는 1970년대 초 영국에서도 그런 일이 일어난 것을 살펴봤다. 강력한 대중운동이 벌어져 보수당 정권을 끌어내리고 지배계급을 벌벌 떨게 했는데, 심지어 1973년 12월에 산업부 장관 존 데이비스는 가족에게 이렇게 말했을 정도였다. "이번 성탄절은 맘껏 즐겨 보자. 마지막 성탄절이 될지도 몰라."

히스 정권을 무너뜨린 강력한 현장위원 운동은 이제 더는 존재하지 않는다. 그렇지만 투쟁이 새롭게 발전하면 현장조합원들의 저항에 기초한 새로운 운동이 생겨날 수 있다. 그러려면 사회주의자들이 발전하고 있는 투쟁 속에 뛰어들어 영향을 미치려 애써야 한다. 투쟁이 되살아날수록 더욱 폭넓은 정치적 시야가 필요한 법이다.

노동운동 안에서 개혁주의 단체의 영향력이 쇠퇴하고 좌파가 그 정치적 공백을 메우지 못했기 때문에 우리가 산업 투쟁과 사회주의 운동 사이에 다리를 놔야 한다.

어떤 면에서는 혁명가들이 그런 일에 나서기에 1970년대 초나 그 이후 어느 때보다 지금이 훨씬 낫다. 자본주의의 광기와 역겨움이 여느 때보다 또렷이 드러났고, 노동당에 대한 현장 노동자들의 충성도는 곤두박질했으며, 공산당이 더는 예전처럼 장애물 구실을 하지 못하기 때문이다.

새 노동계급

자본주의의 역동성 때문에 1970년대 초 이래로 영국 노동계급의 모습은 꽤 극적으로 바뀌었다. 거대한 투쟁이 분출했던 40년 전보다 새 노동계급은 더욱 다양해지고 정치적으로도 더 급진화했다.

영국에는 오랜 노조 전통이 있는 제조업 노동자들이 여전히 많지만, 새로운 노동계급도 형성 중이다. 이 새로운 노동자들 가운데는 청년, 여성, 이주 노동자가 두드러지는데, 슈퍼마켓 노동자와 공항 노동자, 급식과 청소 일을 하는 이주 노동자, 콜센터 노동자 등을 포함한다. 이런 노동자를 고용한 회사들은 영국 자본의 중요한 일부로 막대한 이윤을 내고 있지만 집단행동에 취약하다.

1930년대 미국 직업별 노조 지도부와 비슷하게 영국의 노조 간부들도 이 새로운 집단을 조직하는 데 무능하거나 의지가 없는 것처럼 보인다. 남다른 소수도 있지만, 노조 지도자들은 대개 역사의 교훈을 도외시한 채 정부를 설득해 노동자들의 권리를 증진할 법률을 제정해야 노조의 영향력을 되살릴수 있다고 주장한다. 그러나 트로츠키는 언젠가 이렇게 지적한 바 있다. "모든 것이 준비됐을 때만 시작하려 드는 지도자는 노동계급에게 아무짝에도 쓸모없다."

1888년 런던 이스트엔드의* 브라이언트앤드메이 성냥 공장에서 어린 여성 노동자들이 벌인 파업으로 신노조운동이 촉발된 일이나, 1930년대 중반 미국에서 가장 새롭고 가장 덜 조직된 노동자들이 일으킨 대규모 투쟁으로 노조가 건설되고 실익을 쟁취한 과정 등을 보면 노조 간부들의 주장이 사실과 다

---

* 이스트엔드 런던 동부의 노동자 밀집 지역.

름을 알 수 있다.

노동조합 지도자들

노동자들은 자본주의 체제에 맞설 보루로 노조를 세웠다. 그런데 이 책이 다룬 거대한 투쟁들에서 노조 간부들이야말로 노동자들이 반격에 나설 때마다 그 앞을 가로막은 커다란 장애물 가운데 하나였다.

2009년 12월에 통신노조 지도자들이 전국 우체국 파업을 중단하고 경영진과 교섭에 들어가기로 결정한 것은 노동조합 지도자들이 현장조합원들의 기세를 어떻게 꺾어 놓는지 잘 보여 준 최근 사례다. 이렇게 자본주의가 허용하는 범위 내로 계급투쟁을 제한하려 드는 이유는 노동과 자본의 이해가 서로 절충될 수 있다고 보기 때문이다. 그러나 유출된 문서를 보면 로열메일 경영진은 이런 가정을 공유하지 않는다는 사실을 알 수 있다.˙

노동조합은 자본주의적 착취의 결과에 맞서려고 건설됐지,

˙ 2009년 영국 우체국 파업 도중 사측이 통신노조에 보낸 비밀 서한을 〈소셜리스트 워커〉가 입수했는데, 정부와 사측이 중재와 협상을 거절하고 통신노조한테 일방적 굴복과 파업 중단을 요구하는 내용이었다.

착취를 송두리째 폐지하려고 만들어진 게 아니다. 게다가 자본주의적 민주주의는 노동계급 단체의 성장을 용인할 때조차 노동계급 단체를 포섭하고 견제하려 한다. 보수적 노동 관료의 형성은 바로 이런 노동조합운동의 본질에 내재한 현상이다.

35년 전에 토니 클리프는 다음과 같이 지적했다.

노동조합 관료는 별개의 사회계층으로 본디 보수적이고, 야누스처럼 두 개의 얼굴이 있다. 다시 말해 기업주와 노동자 사이에서 균형을 잡는 구실을 한다. 관료는 국가의 노조 통제를 싫어하지만 대중투쟁을 훨씬 더 두려워한다. 결정적 시기에 노조 관료는 어김없이 국가 편에 서지만 그럴 때조차 동요하고 주저한다.

최상층 간부들의 사치스런 생활만 봐도 그 계층의 특징을 잘 알 수 있다. 노조 관료는 중재하고 교섭하고 타협한다. 노동당 지지자이자 유명한 책 《1666~1920년 노동조합운동사》의 저자인 비어트리스 웨브와 시드니 웨브는 19세기 후반에 나타난 노조 관료들을 긍정적으로 묘사하며 다음과 같이 썼다.

요 몇 해 사이 노동조합계 지도부가 열정만 있는 비전문가나 무책임한 선동가에서 뛰어난 실무 능력 덕에 조합원 속에서 특별히 선택된 유급 관료 계급으로 바뀌고 있다.

그때부터 이런 관료 계층이 크게 성장했다. 노조 관료의 구실은 기업주와 정부를 상대로 협상하는 것이다. 그러나 협상이란 대립하는 양측이 모두 받아들일 만한 해법을 찾는 일이지 결코 승리를 도모하는 활동이 아니다.

상근 간부층은 단조로운 노동과 상사의 갈굼, 일자리 불안에서 자유롭다. 일터가 문을 닫아도 간부들은 해고당하지 않는다. 투쟁 과정에서 노동자들은 임금노동 자체에 빈번히 도전한다. 그러나 노동조합 상근 간부들은 고용주와 노동자 사이를 중재하는 것이 본업이므로 임금노동 체제에 의존한다.

존재가 의식을 결정한다. 관료에게 투쟁은 교섭 과정을 방해하는 성가시고 귀찮은 일일 뿐이다. 파업은 법을 위반하거나 노조 재정을 위태롭게 할 수도 있다. 조직 보전 자체가 목적이 된다.

노동조합운동은 이중적 구실을 한다. 즉, 각 부문 노동자들이 자신의 노동조건을 방어하고 개선하는 데 쓰는 무기이자, 계급 협력을 꾀하는 노동운동 지도자들이 노동자 투쟁을 단속하는 수단이다. 이런 이중성은 늘 존재하지만 세력균형과 실제 투쟁 과정에 따라 둘의 관계는 요동친다. 관료들은 전능한 존재가 아니다. 관료의 통상적 구실은 균형을 잡는 일인데, 그것은 곧 체제의 틀 안에서 이뤄지는 거래이고 되도록이면 해당 노동자들에게 유리해야 한다.

노조 간부들이 쟁의에서 일부러 지려고 들진 않는다. 웬만하면 전면적 충돌 없이 협상을 잘 마무리하고 싶어 할 뿐이다. 노동조합 지도자들은 노동자가 아니지만, 그렇다고 사장도 아니다. 노조 간부들은 노동계급의 조직에 의존하고 조직 없이는 아무것도 할 수 없다. 조합원들을 방어하고 노동조건 개선을 협상하며 자기 기반을 지켜 내는 능력이야말로 노조 간부의 힘을 결정한다. 그러므로 노조 간부는 자기만의 방식대로, 즉 제한적, 부문적, 타협적 방식으로 어쨌든 방어를 한다.

"관료들은 언제나 배신한다"는 말처럼 조악한 주장도 없다. 노동조합 지도자들이 실제로 투쟁을 이끌 수도 있고, 그것은 간부들의 생각과 태도가 아니라 조합원들이 얼마나 강도 높게 행동을 촉구하느냐에 달려 있다. 우파인 조 곰리가 위원장이었는데도 광원들은 1972년과 1974년에 가장 큰 승리를 거뒀다.

1984년의 아서 스카길처럼* 노동조합 지도자들이 비타협적 투쟁으로 조합원들을 이끌 때도 국가가 퍼붓는 독설과 폭력은 피할 수 없다. 그러므로 승리의 열쇠는 지도자가 누구냐가 아니라 바로 노동자들의 자신감과 자주적 조직, 그리고 다른 노

---

* 아서 스카길 1984~1985년에 영국의 거대한 광산 파업을 이끈 광산노조NUM 위원장.

동자들의 적극적 지원이다.

1974~1979년의 노동당 집권기는 노조 지도자들을 왜 마냥 신뢰할 수 없는지 보여 주는 좋은 본보기다. 노동당은 노동계급 투쟁이 크게 분출한 덕분에 정권을 잡았다. 그런데 노동당은 노총과 협력해서 보수당이 못 한 일을 해냈다. 한 세대 만에 처음으로 현장조합원들의 힘을 꺾고 실업을 늘렸으며 실질임금도 삭감했다.

가장 큰 책임은 다름 아닌 좌파 노조 지도자들에게 있었다. 운수노조TGWU 지도자 잭 존스와 금속노조AUEW 위원장 휴 스캔런은 막강한 양대 좌파 지도자였다. 활동가들 사이에서 호평과 존경을 받던 이 둘을 가리켜 보수 언론은 "무시무시한 쌍둥이"라고 불렀다. 그러나 이 두 사람이야말로 '사회협약'을 고안한 핵심 인물들이었고, 자신의 좌파적 명망을 활용해 당시 강력했던 현장위원 운동이 사회협약을 받아들이도록 설득했다.

그렇다고 노동조합 관료 사이의 차이가 무의미하다는 것은 아니다. 우파 노조 지도자와 좌파 노조 지도자 사이에는 중요한 차이가 있고, 사회주의자들은 노동조합에서 좌파와 우파가 대립할 때 좌파를 지지해야 한다. 그러나 정치가 어떻든 상근 간부에게 오롯이 기대면 안 된다. 노동자들이 자신의 싸움에서 승리하려면 스스로 조직하고, 단결을 확대하고, 투쟁을 책임질 수 있어야 한다.

노동조합 내의 근본적 구분은 좌우파 간부 사이가 아니라 현장조합원과 관료 사이에 존재한다. 관료주의의 통제 바깥에 조직된 현장 활동가들에게 책임을 다할 때만 좌파 간부는 진정으로 일관되고 단호하게 싸울 수 있다.

사회주의자들의 임무는 사장들과 국가에 맞서는 현장조합원들의 힘과 자신감을 높이는 일인데, 여기에는 두 가지가 필요하다. 바로 노동조합 관료주의에 맞설 자주적 행동과 노동조합 지도자들의 노동당에 대한 충성에 맞설 정치적 독립이다.

현장조합원과 노동조합 관료 사이의 관계는 최초의 현장위원 운동 지도자들, 바로 클라이드노동자위원회의 1915년 11월 선언문에 가장 잘 요약돼 있다. "우리는 노동조합 지도자들이 노동자들을 올바로 대변하는 한 지도부를 지지할 것이다. 그러나 그러지 않으면 곧바로 독자적 행동에 나설 것이다."

지금도 이 구절은 현장조합원의 노동조합운동을 설명하는 최고의 표현이고, 제1차세계대전 기간에는 전혀 허세를 부린 말이 아니었다. 독립적으로 행동하려면 미리 준비를 해야 했다. 다시 말해 자기 사업장에 뿌리박고서 동료들의 신뢰를 받는 활동가들이 네트워크를 구축했다.

클라이드노동자위원회는 클라이드사이드의 주요 공장에서 선출된 대표 300명으로 구성됐고 매주 모였다. 창립 선언문은 이렇게 이어진다. "모든 작업장에서 파견한 대표자로 구성되고 낡은 규약과 규칙에 제약받지 않는 우리는 노동자들의 진짜 정서를 대변한다. 우리는 사안의 중요도와 현장조합원들의 요구에 따라 즉각 행동에 나설 수 있다."

유능한 조직은 책임성에 기초한다. 다시 말해 아래로부터의 민주주의가 핵심 요소다. 이것이 뜻하는 바는 아주 다양하다. 예컨대, 투쟁에 최대한 많은 사람이 참여하는 것, 현장조합원들이 사태를 통제하고 지도자들은 현장조합원들에게 책임을 지는 것, 연대야말로 승리의 열쇠라는 사실을 인식하는 것 등이다.

보수당 정권을 무너뜨린 1970년대 대중파업들은 바로 이런 발상을 밑바탕으로 했다. 오늘날 노동자들 사이에서는 동일한 원칙에 기반해 조직을 세우려는 작지만 중요한 움직임이 일고 있다. 현장조합원 조직이 성공하려면 사회주의 정치와 결합돼야 한다.

지도, 정치, 계획

체제가 노동자들에게 가하는 압박은 앞으로도 거세질 것이고, 그 대상은 자동차를 만들든 슈퍼마켓 계산대에서 바코드를 찍든 가리지 않는다. 누가, 어디서, 언제 그럴지 정확히 알

수는 없지만, 사장들의 전방위 공격으로 노동자 일부가 곧 투쟁의 중심에 설 것이다. 이를테면, 1934년 미니애폴리스 석탄 야적장의 팀스터스와 1968년 5월 낭트의 항공기 공장 노동자, 1971년 글래스고의 조선소 노동자, 2005년 히스로 공항의 게이트고메이* 소속 아시아계 여성 노동자들이 그랬다.

새로운 집단의 노동자들이 행동에 나설 때 두 가지 일이 벌어질 수 있다. 즉, 노동자들은 지금껏 전혀 몰랐던 자기 힘을 찾아내고, 또 다른 집단의 노동자들이 자신을 따르도록 북돋는다. 이 과정에서 투쟁 상승기가 열리고 지배계급은 정치적 위기에 몰린다. 그다음부터는 혁명적 사회주의자들이 개별 투쟁과 전체 운동에 얼마나 조직적으로 존재하고 어떻게 개입하느냐에 달려 있다.

이런 일들은 자동적으로 일어나지 않는다. 느닷없이 터져 나온 것처럼 보이는 행동들도 언제나 한 사람 한 사람이 사전에 공들여 논쟁하고 준비한 결과물이고, 그런 과정에는 때로 고통이 따르기도 한다.

예컨대, 1971년 머지사이드의 피셔벤딕스 점거는 모든 노동자들이 참여한 총회에서 승인된 결정이었다. 그러나 점거의 실행은 현장위원들과 활동가들이 계획하고 주도했고, 그 가운

---

* 게이트고메이 다국적 기내식 업체.

데는 소수의 혁명적 사회주의자들도 있었다. 이 활동가들은 UCS 노동자 자주관리 투쟁의 영향을 크게 받았지만, 전면적 점거파업에 나설 만큼 정치적 이해와 결의가 충만했다.

1930년대 중반 미국에서는 사회주의자들이 주요 투쟁을 조직하고 지도해서 자본과 노동 사이의 세력균형을 뒤바꿔 놨다. 1934년 미니애폴리스의 팀스터스 투쟁은 소수의 사회주의자들도 미리 조직돼 운동에 뿌리박고 있으면 투쟁을 승리로 이끌 수 있다는 사실을 보여 준 교과서적 사례다.

거대한 플린트 점거파업의 중심에 있던 제노라 돌린저는 사회주의자와 공산당원이 투쟁을 준비하고 지도하는 데 핵심 구실을 했다는 점을 밝히려고 늘 애썼다. 돌린저는 인터뷰에서 역사와 사회주의 이론을 토론한 파업 이전의 지역 당원 모임 덕분에 투쟁 지도부가 성장할 수 있었고 일상적 시기에 했던 모든 준비와 토론이 매우 중요했다고 역설한다.

그렇다고 자발성과 독창성, 돌발 상황 등을 부인하는 것은 아니다. 다만 투쟁이 승리하려면 조직과 정치가 무엇보다 중요하고, 그 과정에서 어떤 정치가 우위에 서느냐가 중요하다는 점을 보여 주려는 것이다.

1930년대에 미국 공산당은 점거파업을 이끌고 초기 돌파구를 여는 데 혁혁한 공을 세웠다. 공산당의 현장 활동가들과 조직자들이 보여 준 활력과 헌신, 불굴의 용기는 의심할 여지가 없었다. 그렇지만 투쟁이 정점에 오른 1936~1937년, 공산당의 스탈린주의 정치 탓에 노동자 정당 출범이 좌절됐다. 미니애폴리스 투쟁을 이끌고 나중에는 미국 사회주의노동자당 건설에 협력한 트로츠키주의자들은 정치는 더 뛰어났지만 조직이 너무 작았다.

이 책에서 다룬 거대한 폭발적 투쟁들에서는 가능성과 과제가 모두 존재했다. 노동계급은 대규모 정치·산업 투쟁을 거치면서 '즉자적 계급'에서* '대자적 계급'으로** 변한다. 노동계급의 숨은 역사를 조금이라도 들춰 본 사람이라면 노동계급에게 사회를 운영할 잠재력이 있다는 사실을 부정할 수 있을까?

그렇지만 노동계급이 승리하려면 노동자들 스스로 결단력 있고 독립적인 지도부를 세울 필요가 있다는 점도 틀림없는 사실이다. 이런 단호한 지도부가 만들어지지 못하면 우유부단한 지도부가 들어설 테고, 그리되면 투쟁을 확산하고 일반화하기보다 협상으로 곤경에서 빠져나갈 궁리나 하며 싸움을 접으려고 들 것이다. 일례로, 1968년 5월에 프랑스 공산당과 노총의 지도자들은 선거로 위기 상황을 추스를 방안을 성급히 수용했다. 그 덕분에 드골 장군과 겁먹은 프랑스 지배계급은 엉

• 즉자적 계급 무자각 상태의 계급.

•• 대자적 계급 의식적으로 각성한 계급.

겹결에 되살아날 수 있었다.

명료한 정치가 중요하다. 1980년 식량 가격 폭등에 항의한 돌발적 파업이 폴란드의 도시들을 휩쓸었다. 이 파업은 프랑스를 뒤흔든 1968년의 파업 운동 이후 유럽에서 가장 큰 노동자 반란으로 빠르게 발전했다. 파업 중심지는 발트 해 연안 그단스크의 거대한 레닌 조선소로, 노동자 1만 6000명이 파업을 벌여 국가자본주의 체제의 경영자들을 몰아내고 17일 동안 이어진 점거 투쟁을 시작했다.

당시 상황을 직접 목격한 에바 바커와 랠프 달링턴은 이 사건의 의의를 다음과 같이 설명했다.

파업은 조선소를 전면 점거하는 투쟁으로 발전했고, 이곳은 발트 해 인근 지역의 500개나 되는 사업장을 조직할 지휘부 구실을 했다. 그 결과 그단스크, 그디니아, 소포트 지역의 모든 파업 사업장을 결속한 광역공장위원회가 만들어졌다.

이것이 폴란드의 민주적 노동조합인 솔리다르노시치가* 결성되는 계기였다. 솔리다르노시치는 3000여 사업장의 대표들이

---

* 솔로다르노시치 정식 명칭은 NSZZ '솔리다르노시치'로 솔리다르노시치는 연대라는 뜻이며 흔히 연대노조로도 불린다.

모여 탄생했고 1000만 명의 조합원을 자랑했는데, 잔인한 독재 정권을 몰아내려 한 모든 사람들에게 초점 구실을 했다. 폴란드 국가는 솔리다르노시치를 국가 존립의 최대 위협으로 간주했다.

불행하게도 솔리다르노시치 지도자들은 이런 상황을 이해하지 못했다. 이 사람들은 정부를 뒤엎지 않고도 실질적 변화를 이룰 수 있다고 크게 착각했다. 더욱이 솔리다르노시치가 국가를 위협하지 않겠다고 약속하면 국가가 운동을 용인할 것이라 믿을 정도로 순진했다.

1981년 성탄절 직전에 군부가 계엄령을 선포해 솔리다르노시치 지도부 전체를 체포했고, 중무장한 군대를 동원해 노동자들의 저항을 분쇄했다.

새 시대의 계급투쟁

과거의 모든 투쟁이 남긴 가장 중요한 교훈은 정치적 논쟁과 정치적 조직, 정치적 지도력이 매 단계마다 결정적 요소라는 점이다. 성공과 실패는 사회주의자들이 무슨 주장과 실천을 하는가, 그리고 중요한 정치적 논쟁을 얼마나 펼치고 얼마나 잘 설득하는가에 전적으로 달려 있다.

이런 논쟁들은 비단 옛일이 아니다. 오늘날에도 꼭 들어맞는다. 우리에겐 매 순간이 중요하며 일터와 노조, 대학과 거리 곳곳에서 사회주의자들의 조직적 활동이 시급히 늘어나야 한다.

이 새로운 시대의 계급투쟁에도 순수한 자발성 따위는 존재하지 않는다. 영국 사회주의노동자당의 노동조합 부문 책임자 찰리 킴버는《소셜리스트 리뷰》* 2009년 9월호에 다음과 같이 지적했다.

사회주의자들과 강성 노조 활동가들, 급진주의자들이 주도해 워터포드글래스 공장과 비스테온 벨파스트 공장에서 점거파업이 시작됐다. 소수 대의원들이 비스테온 엔필드 공장에서 저항을 촉발했는데, 사회주의자들이 곧장 연대하지 않았다면 이 싸움은 하루 만에 끝났을 것이다. 리나마** 스완지 공장에서도 노동자들이 비공인 파업을 벌이고 비공식 총투표로 재차 파업을 결의한 끝에 노조 위원장을 복직시켰는데, 사회주의 활동가 로브 윌리엄스의 지도력이 없었다면 승리하지 못했을 것이다.

또 린지 정유소에서 벌어진 플랜트 건설 파업은 활동가들이 기층

• 《소셜리스트 리뷰》 영국 사회주의노동자당이 발행하는 월간지.

•• 리나마 캐나다계 자동차 부품 업체.

에서 의식적으로 조직하지 않았다면 20개가 넘는 다른 현장으로 확산되지 않았을 것이다. 게다가 1차 건설 파업에서 두드러졌던 "영국 일자리는 영국 노동자에게"라는 구호를 사회주의자들과 투사들이 철회시키지 못했다면, 파업은 승리에 필요한 단결을 이뤄 내지 못했을 것이다.

베스타스는 더 확실한 사례다. 몇 주에 걸쳐 베스타스의 소수 노동자들이 애써 계획하고 토론하지 않았다면, 그리고 사회주의자들과 환경 운동가들이 이 사람들을 뒷받침하지 않았다면, 점거파업은 없었을 것이다.

이런 파업과 점거 투쟁에서는 아주 날카로운 정치적 문제들이 늘 제기됐다. … 비스테온 점거파업은 런던에서 G20 정상회담이 열렸을 때 시작됐다. 고든 브라운 등이 불황에서 평범한 사람들을 지켜야 한다며 지루한 이야기를 늘어놓을 때, 겨우 몇 마일 떨어진 곳에서 노동자 수백 명이 겨우 6분 전에 통지를 받고 해고됐다. 포드 노동자로서 누리던 권리도 모조리 빼앗겼다. 이 노동자들의 점거파업으로 사태의 심각성과 저항의 가능성이 부각됐다.

그중 베스타스 투쟁이 가장 폭넓은 정치적 영향을 미쳤다. 베스타스 투쟁으로 실업 방지에 온 힘을 쏟겠다는 정부의 약속이 빈껍데기라는 점, 그리고 기후변화에 대응해 "녹색 일자리"를 만들겠다는 말도 전부 공허했다는 사실이 드러났다. 언제나 최우선 고려 사항은 자본주의다.

옛것과 새것이 지금 공존하고 있다. 새것이란 점거 투쟁과 불법 파업에서 이제 막 얻은 교훈이고, 옛것이란 코러스 제철소와 조니워커 위스키 공장 사례처럼 싸우고자 하는 뚜렷한 정서를 실제 저항으로 옮기는 데 노조가 굼뜬 문제다. …

결과는 예정된 것이 아니다. 여기저기서 정치적 투쟁이 벌어지고 있고, 바로 그 투쟁의 성패에 노동계급이 이번 위기의 대가를 치를지 말지가 달렸다.

특히 청년, 여성, 이주 노동자를 비롯해 대중 사이에 세계경제 위기가 불러온 충격과 주류 정치인들을 향한 환멸, 전쟁에 반대하는 강한 분위기가 뚜렷해지면서 계급투쟁이 첨예화하고 있다.

이런 배경 속에서 파업과 점거 투쟁은 사회의 누적된 반감을 죄다 표출할 구심점이 될 수 있다. 주택 대란과 장기화된 이라크·아프가니스탄 전쟁, 기업의 탐욕, 의회의 부패, 민영화, 시민적 자유 침해, 무수한 불법행위 등에 사람들은 신물을 느낀다.

실업이 치솟은 직후 노조 지도자들은 겁에 질렸고, 투쟁 가능성을 의심한 노동자들도 많았다. 이제 투쟁이 잇달아 승리하기 시작하자 영국 계급투쟁의 분위기가 변했다.

그런 변화 자체에 큰 의미가 있지만, 훨씬 더 발전시킬 필요가 있다. 다시 말해, 벌어진 모든 투쟁을 지원하고 연대를 확산시키며 저항을 현실화해야 한다.

점거 투쟁은 반란의 신호탄 구실을 해 왔다. 1970년대 초 UCS 노동자 자주관리 투쟁이 200건이 넘는 점거파업에 불을 당기고 사악한 보수당 정권에 맞서 전세를 뒤엎었을 때처럼, 오늘날 승리한 투쟁들도 금세 번질 수 있다.

현재 판돈은 훨씬 커졌고, 세계는 갈수록 위험하고 불안정해지고 있다. 그러나 30년간의 패배와 지지부진한 투쟁 끝에 이제 현장조합원들이 투쟁에 앞장서기 시작했고 그것은 앞으로 더 큰 승리가 가능하다는 희망을 보여 준다.

사회주의와 노동자 통제

우리는 임금 인상이든 일자리 보전이든 모든 개혁을 반기지만, 이런 개혁이 근본적 변화, 다시 말해 진정한 노동자 민주주의에 기초하고 사회의 부를 생산하는 사람들에게 권력이 있는 사회주의 사회의 건설로 나아가는 발판일 뿐이라는 점도 잘 안다. 그런 점에서 노동자 투쟁, 특히 파업과 점거는 노동자들에게 세상을 바꿀 힘이 있다는 사실을 보여 주는 생생한 증거다.

안타깝게도 많은 사람들이 사회주의를 국유화와 관료적 통제쯤으로 인식했다. 사회주의의 적들은 더 말할 나위도 없다. 특히 경제가 국유화됐다는 이유만으로 구소련이나 폴란드 같은 나라를 '사회주의'로 부른 것이야말로 어불성설이었다. 사실 그런 나라들에서는 노동자 민주주의를 조금치도 찾아볼 수 없었다.

개혁주의 전통에서 사회주의란 위로부터 선사되는 어떤 것으로, '지도자'들이 노동자들을 대신해 이룩하는 것이다. 선거철에 투표하는 것을 빼면 노동자들은 수동적 구실에 머물며 자기가 선출한 지도자들이 노동자한테 이롭게 사회를 바꾸는 것을 그저 구경만 해야 한다.

1936년 5월 프랑스 사회당과 공산당이 포함된 동맹이 총선에서 이기자마자 프랑스 노동자들은 공장점거 운동에 대거 나섰다. 노동자들은 선거 승리를 발판으로 경제적·사회적 성과를 쟁취하려 했다.

이 과정에서 노동자들이 자본주의 질서의 근간을 뒤흔들자 공산당과 사회당 '지도자'들이 황급히 나서서 노동자들을 일터로 돌려보냈고, 이것을 기회로 우파가 통제력을 되찾아 노동계급 운동에 역습을 가했다.

우파적 관점에서 혁명이란 통상 엘리트들이 꾸민 음모이며 대중은 구경꾼에 불과하다. 그러나 진정한 마르크스주의 관점은 이것과 확연히 다르다. 트로츠키는 혁명을 두고 다음과 같이 표현했다.

혁명의 가장 확실한 특징은 대중이 역사적 사건에 직접 개입한다는 점이다. … 무엇보다 혁명은 자신의 운명을 멋대로 주물러 온 지배자들의 통치 영역에 대중이 강제로 진입하는 것이다.

사회주의노동자당은 진정한 민주주의와 노동자 통제에 기초한 사회주의, 바로 아래로부터의 사회주의 전통에 서 있다. 노동자들만이 스스로 해방할 수 있으며, 아무도 대신할 수 없다. 혁명적 사회주의 노동자들의 정당은 일방적으로 가르치려 들지 않고, 투쟁 속에서 노동자들에게 배우고 투쟁 속에서 노동자들을 가르치고 이끈다.

1905년 혁명 때 러시아 혁명가 레닌은 다음과 같이 썼다.

사회개량주의자들이 이야기하는 '대중 교육'은 대개 학교 선생처럼 굴며 현학적인 이야기나 떠들어 대고, 대중의 사기를 떨어뜨리고 부르주아적 편견을 주입할 뿐이다.

진짜 대중 교육은 대중의 독립적 정치투쟁, 특히 혁명적 투쟁과 결코 분리될 수 없다. 오직 투쟁만이 피착취 계급을 가르친다. 오직 투쟁만이 피착취 계급한테 자기 힘이 얼마나 대단한지 깨닫게

하고, 시야를 넓히고 능력을 키우고 의식을 깨우치고 의지를 벼리
게 한다.

노동계급은 자본주의에 도전해 항구적 변화를 일으킬 잠재
력이 있는 유일한 사회 세력이다. 그러나 자본주의 아래서 노
동자의 통제력은 한계가 있다. 노동자들이 공장을 접수하더라
도 다른 것들이 그대로면, 노동자들은 결국 시장 경쟁에 내몰
려 스스로를 착취해야 한다.

진정한 노동자 통제는 민주적으로 계획된 사회체제 안에서
만 실현될 수 있다. 이런 사회에서는 사람들이 전체 목표와 우
선순위를 토론하고 결정할 것이다. 1917년에 러시아의 노동자
정부는 권력을 쥐자마자 노동자 통제를 공식화한 포고령을 내
렸다. 그러나 진짜 변화는 아래로부터 시작됐다. 노동자들한
테는 일터를 접수해 스스로 운영하는 것밖에 달리 대안이 없
었다.

혁명 초창기에 러시아를 직접 방문한 미국 사회주의자 존
리드는 그 과정을 다음처럼 그렸다.

어떤 공장의 위원회 자리에서 한 노동자가 일어나 이렇게 말했다.
"동지들, 왜 우리가 걱정합니까? 기술자 문제는 어렵지 않습니다.
사장도 기술자가 아니었다는 사실을 기억해 보세요. 그놈은 기계

도, 화학도, 회계도 알지 못했습니다. 한 일이라고는 회사를 소유한 것밖에 없습니다. 기술적 도움이 필요하면 자기 대신 일할 사람을 사서 부렸습니다.

자, 이제 우리가 사장입니다. 기술자와 경리를 고용하면 됩니다. 바로 우리를 위해 일할 사람들 말입니다."

후주

1 *Financial Times*, 25 May 2009.

2 Leon Trotsky, *The First Five Years of the Communist International*, vol 1.

3 Sidney Lens, *The Labor Wars*, 1973.

4 Sharon Smith, *Subterranean Fire: A History of Working-Class Radicalism in the United States*.

5 S Rosenthal, "Genora (Johnson) Dollinger Remembers the 1936~37 General Motors Sit-Down Strike"에서 인용.

6 Sharon Smith, 앞의 책에서 인용.

7 Sharon Smith, 같은 책.

8 Sharon Smith, 같은 책.

9 G Ross, *Workers and Communists in France*, 1982.

10 Introduction to *The Independent Collier*, 1978.

더 읽을거리

Chris Harman, *A People's History of the World*(Verso, 2008)[국역: 《민중의 세계사》, 책갈피, 2004]

Paul Mason, *Live Working or Die Fighting: How the Working Class Went Global*(Harvill Secker, 2007)

이탈리아

Antonio Gramsci, *Selections from Political Writings, 1910-20* (Central, 2003)[일부 국역: 《안토니오 그람시 옥중수고 이전》, 갈무리, 2011]

Paolo Spriano, *The Occupation of the Factories*(Pluto, 1975)

Gwyn Williams, *Proletarian Order: Antonio Gramsci, Factory Councils and the Origins of Communism in Italy 1911-21*(Pluto, 1975)

1936년 프랑스

Jacques Danos and Marcel Gibelin, *June '36: Class Struggle and the Popular Front in France*(Bookmarks, 1986)

Leon Trotsky, *Whither France?*(1936), available at www.marxists.

org/archive/trotsky/1936/whitherfrance/index.htm[국역: 《트로츠키의 프랑스 인민전선 비판》, 풀무질, 2001]

미국

Farrell Dobbs, *Teamster Rebellion*(Pathfinder, 2004)

John Newsinger, "1934: The Year of the Fightback" in *International Socialism* 122(spring 2009), available at www.isj.org.uk

Art Preis, *Labor's Giant Step: Twenty Years of the CIO* (Pathfinder, 1972)

Susan Rosenthal, "Genora (Johnson) Dollinger Remembers the 1936–37 General Motors Sit–Down Strike", available at www.marxists.org/history/etol/newspape/amersocialist/genora.htm

Sharon Smith, *Subterranean Fire: A History of Working Class Radicalism in the United States*(Haymarket, 2006)

Megan Trudell, "The Hidden History of US Radicalism", in *International Socialism* 111(summer 2006), available at www.isj.org.uk

1968년 프랑스

Chris Harman, *The Fire Last Time: 1968 and After*(Bookmarks, 1998)[국역: 《세계를 뒤흔든 1968》, 책갈피, 2004]

영국

Tony Cliff, *In the Thick of Workers' Struggle*(Bookmarks, 2002)

Ralph Darlington and Dave Lyddon, *Glorious Summer: Class Struggle in Britain, 1972*(Bookmarks, 2001)